Kleine Bibliothek 502

Frauen

Anneliese Neef

Mühsal ein Leben lang

Zur Situation der Arbeiterfrauen um 1900

Pahl — Rugenstein

Pahl-Rugenstein Verlag GmbH, Köln 1988

Vom Dietz Verlag genehmigte Lizenzausgabe
Printed in the German Democratic Republic

CIP-Titelaufnahme der Deutschen Bibliothek

Neef, Anneliese:
Mühsal ein Leben lang : zur Situation d. Arbeiterfrauen um 1900 / Anneliese Neef. – Köln : Pahl-Rugenstein, 1988
(Kleine Bibliothek ; 502 : Frauen)
ISBN 3-7609-1230-3
NE : GT

Vorbemerkungen

Die andere Hälfte des Proletariats

Über die Kampf- und Organisationsformen des deutschen Proletariats berichten zahlreiche Bücher. In jüngerer Zeit gibt es zunehmend auch Publikationen zum Alltagsleben der Arbeiter und zu ihrer Freizeit. Darin ist überwiegend nur von einem Teil des Proletariats die Rede – von klassenbewußten, politisch organisierten, qualifizierten und zumeist städtisch lebenden männlichen Arbeitern. Ihre Frauen werden lediglich am Rande erwähnt. Besondere literarische Arbeiten zur proletarischen Frauenbewegung und zur industriellen Frauenarbeit würdigen vor allem das Schaffen einer verschwindend kleinen Gruppe von politisch und beruflich aktiven Arbeiterinnen.

Wie aber lebte und arbeitete das Gros der Arbeiterfrauen? Wie verlief ihr Lebensweg, welche Perspektiven bot er? Wie sahen die alltäglichen Pflichten der Frauen aus, welche Wünsche und Bestrebungen bestimmten ihr Handeln und Fühlen?

Die folgende kulturgeschichtliche Betrachtung hebt die spezifische Situation der Frauen aus dem Zusammenhang proletarischer Lebensweise hervor. Dabei kommt jener Zeitraum ins Blickfeld, in dem die deutsche Arbeiterklasse bereits zu einer starken politischen und sozialen Kraft geworden war und eine eigenständige Lebensweise ausbildete. Dies geschah in den Jahrzehnten seit 1870, als der deutsche Kapitalismus seine »gesündeste Periode«[1] durchlief und mit Beginn des 20. Jahrhunderts bereits monopolistische Züge annahm. Die schnelle, umfassende Industrialisierung und die Intensivierung der Produktion zeitigten direkte Folgen für die Existenz der Lohnarbeiter, deren Zahl in Städten und industriellen Ballungszentren enorm anwuchs. Für die komplizierter werdende, nerven- und kräftezehrende intensive Arbeit in den kapitalistischen Betrieben mußte den Arbeitern ein im Vergleich zu früher höherer Lebensstandard zugestanden werden: Die Reallöhne stiegen, der Arbeitstag wurde kürzer. Das war die Grundlage für reichhaltigeren Konsum an Nahrungsmitteln und Kleidung, für besseres Wohnen und mehr Erholung zum Feierabend. Damit konnten sich damals bereits Bedürfnisse und Verhaltensweisen in der individuellen Lebensgestaltung, im Familienleben und in der Freizeit ausbilden, die im wesentlichen die Wertorientierungen und das Handeln arbeitender Menschen noch heute bestimmen. Deutlich sichtbar wurden diese in die Zukunft weisenden Lebensformen zuerst bei großstädtischen Industrieproletariern. Gegebenheiten ihres Daseins stehen deshalb im Vordergrund der Betrachtung.

Detaillierte Auskunft über die Lebensverhältnisse proletarischer Frauen vor 1914 geben zeitgenössische soziologische und wirtschaftswissenschaftliche Untersuchungen sowie historische Monographien zur Lage des Proletariats und – besonders wirklichkeitsnah – Autobiographien von Arbeiterinnen und Arbeitern. In diesen Materialien scheinen mannigfaltige Seiten weiblichen Daseins auf, die zusammengenommen ein Bild davon ergeben, wie der Lebensweg einer Arbeiterfrau aussehen konnte und wie er wohl bei der Mehrzahl auch ausgesehen hat. Als typische Merkmale des proletarischen Frauenlebens werden immer wieder beschrieben: rastloses Schaffen von früher Jugend bis ins Alter, gesetzlich festgeschriebene rechtliche und ökonomische Benach-

1 Jürgen Kuczynski: Die Geschichte der Lage der Arbeiter in Deutschland von 1800 bis in die Gegenwart. Bd. I. 1800 bis 1932, Berlin 1946, S. 156.

teiligung gegenüber den Männern, das Sichverzehren der Frauen in Sorgen und Mühe für ihre Familien bei äußerst bescheidenen materiellen Ansprüchen und weitestgehender Unterdrückung persönlicher Belange sowie die geringe soziale Beachtung ihrer Arbeit. Was werktätigen Müttern noch immer zu schaffen macht – der Familie und einer Erwerbsarbeit gleichermaßen gerecht zu werden –, das bildete zur Jahrhundertwende das Hauptproblem weiblichen Alltags. Aus eigener Anstrengung, ohne Berufsausbildung, ohne staatliche Kindereinrichtungen, ohne Unterstützung durch den Ehemann, mit ungenügenden materiellen Mitteln, immer in Zeitnot bewältigten die Arbeiterfrauen dieses Pensum. Sie sorgten für Mann und Kinder und verdienten Geld – freilich unter Einsatz und Verschleiß aller seelischen und leiblichen Kräfte, zu Lasten des eigenen Wohlbefindens. Was uns heute daran tief berührt, sahen sie selbst nicht als Heroismus. Sie taten, was getan werden mußte, Tag für Tag. Diese Leistung der Arbeiterfrauen – ihr Lebenswerk – soll in diesem Buch sichtbar werden.

Um wen wird es in einer kulturgeschichtlichen Darstellung gehen, die den proletarischen Frauen und Mädchen gewidmet ist? Das bekannte Gemälde von Hans Baluschek »Proletarierinnen« (1900) bildet einen Zug von Frauen ab, die blaß und abgehärmt ein ödes Fabrikgebäude verlassen. Wie auf diesem Bild, berichteten über lange Zeit künstlerische, wissenschaftliche und politische Äußerungen vor allem über Arbeiterinnen, die in Fabriken beschäftigt waren. Wenngleich eine kleine Gruppe, galten Industriearbeiterinnen (und besonders verheiratete) je nach Standpunkt des Betrachters als abschreckendes Beispiel oder zukunftsweisendes Sinnbild modernen Frauendaseins, waren ihre Arbeits- und Lebensbedingungen doch am augenfälligsten von kapitalistischer Lohnarbeit geprägt. Proletarierinnen, Angehörige der Arbeiterklasse, waren jedoch ebenso die Heimarbeiterinnen, die Beschäftigten im Dienstleistungsbereich, Gelegenheitsarbeiterinnen in kleinen Gewerbebetrieben, auf Baustellen, Straßen, in Geschäften, auch die nichterwerbstätigen Mütter und Hausfrauen in Arbeiterfamilien, die Töchter und Witwen der Arbeiter.

So vielfältig die konkreten Lebensbedingungen von Proletariern sein konnten, wie stark sie auch geschlechterspezifisch, lebenszeitlich, berufsbedingt oder territorial differierten – ihre sozialökonomische Stellung war dieselbe. Proletarische Lebensperspektiven wiesen grundsätzlich gleiche Merkmale auf. Als deren kultureller Vorteil gegenüber den Werktätigen vor der Industrialisierung war für alle Lohnarbeiter persönliche Freiheit und eigene Entscheidung beim Verkauf ihrer Arbeitskraft charakteristisch. Das schloß die private Verantwortung für die Erhaltung ihrer Arbeitskraft ein und setzte ein hohes Maß an Mobilität und autonomem Handeln für das Dasein der einzelnen. Es ist bei aller objektiv angelegten Gleichartigkeit dennoch sinnvoll, die Situation der weiblichen Angehörigen der Arbeiterklasse gesondert zu beschreiben, weil das Leben der Frauen und der Männer von ganz und gar verschiedenen Anforderungen und Erfahrungen bestimmt wurde.

In vorindustriellen Verhältnissen hatten die alltäglichen Lebenstätigkeiten – Arbeiten, Essen, Schlafen – und die entsprechenden Lebensräume – Arbeitsplatz, Unterkunft, Schlafstelle – eine untrennbare Einheit gebildet. Vorrang kam dem Tagewerk auf Hof und Feld, in Werkstatt und Haus zu. Alles andere, von der Erneuerung der Arbeitskraft für den nächsten Tag bis zur Befriedigung darüber hinausgehender Bedürfnisse der Menschen, richtete sich danach. In den vorwiegend familiär betriebenen Produktionseinheiten der Landwirtschaft und des Handwerks lebten und arbeiteten Familienmitglieder zusammen mit nichtverwandten Personen und wurden gemeinsam versorgt. Für die gedungenen Arbeitskräfte bildeten Kost und Unterkunft den größten Teil ihrer Entlohnung.

Eine prinzipielle Trennung von Produktionsstätte und Wohnung sowie die exakte Teilung des Tages in Arbeitszeit und freie Zeit bestimmte erst seit der kapitalistischen Industrialisierung das Leben einer Vielzahl werktätiger Menschen. Ebenso belangvoll wie der Gewinn an Zeit und Raum für die Ausbildung einer neuen individuellen Lebensweise war die vollständige Entlohnung in barer Form. Geld erst setzte freie Lohnarbeiter in die Lage, alle Existenzmittel erwerben zu können. Alleinstehende waren dabei zuerst auf Wirtshäuser, Dienstleistungen und Untermietverhältnisse angewiesen. Diese Daseinsform war nicht nur teuer und unbequem, sondern enthielt erhebliche Einschränkungen der privaten Lebensgestaltung. Auch Arbeiter strebten daher die Gründung eines Familienhaushalts an. Doch der hatte keine produktiven Funktionen mehr, sondern ausschließlich reproduktive. Er bot den materiellen Rahmen und die soziale Sicherung der täglichen Wiederherstellung der Arbeitskraft von Mann und Frau und des Heranwachsens der zukünftigen Generation von Lohnarbeitern.

Die Tätigkeiten und Fertigkeiten zur Versorgung der Erwachsenen und zur Betreuung der Kinder haben in allen Zeiten in der Verantwortung der in den Familien lebenden Frauen gelegen, waren weiblicher Arbeitsbereich und Lebensinhalt. Daran änderte sich unter proletarischen Verhältnissen nichts. Nur – Arbeiterfrauen hatten die hauswirtschaftlichen Arbeiten isoliert, als einzelne zu leisten. Ihre Familien waren kleiner, bestanden lediglich aus Vater, Mutter und Kindern. Vom Gegenstand der Tätigkeiten und den dazu notwendigen Anlagen und Einstellungen her sah es so aus, als erfolge hier eine kontinuierliche Fortsetzung der überlieferten Lebensführung der Frauen. Das war ein Trugschluß. Ein Teil der zur Lebenssicherung notwendigen Arbeit wurde nun außerhalb der Familie in zentralisierten Produktionsstätten vorwiegend von Männern geleistet. Diese Arbeit wurde mit Geld entlohnt und gesellschaftlich geachtet. Der andere Teil, die hauswirtschaftliche Arbeit der Frauen in der Familie, hatte demgegenüber ihre Bewertung als »gesellschaftlich notwendige Industrie« eingebüßt. »Sie ging«, wie Engels es ausdrückte, »die Gesellschaft nichts mehr an«, wurde »Privatdienst« und die Frau »Dienstbotin«.[2] Ihre Leistungen zählten, verglichen mit denen der Männer in der gesellschaftlichen Produktion, nicht als wirkliche Arbeit. Folgerichtig wurden sie niemals entgolten, weder in barer Münze noch in allge-

2 Friedrich Engels: Der Ursprung der Familie, des Privateigentums und des Staats. In: Karl Marx/Friedrich Engels: Werke, Bd. 21, S. 75.

meiner Wertschätzung. Vielmehr verstärkte sich äußerlich der Anschein, als seien Hausarbeit und Kinderaufzucht freiwillig geleistete »Liebesdienste«, getragen von »natürlich« bedingter mütterlicher Neigung und weiblicher Opferbereitschaft. Diese emotional verbrämte ideologische Verschleierung der Hausfrauenarbeit für Mann und Kinder hatte ihre Wurzeln im bürgerlichen Familienideal. In vorindustriell arbeitenden Klassen und Schichten wäre eine solche Sicht auf die Leistungen der Hausmutter und der weiteren weiblichen Arbeitskräfte, die das Tagewerk der Männer voraussetzten und deren Arbeit ergänzten, undenkbar gewesen.

Die Frauen der Lohnarbeiter in der kapitalistischen Industrie wirtschafteten unter gänzlich anderen Bedingungen als die Vorsteherinnen naturalwirtschaftlich begründeter Hauswesen. Städtische Wohn- und Versorgungsverhältnisse erzeugten modifizierte Formen der Hausarbeiten, um Ernährung, Kleidung und Wohnung zu sichern. Hinzu kam für proletarische Hausfrauen mit der finanziellen Basis zum Erwerb der Lebensmittel eine neue schwierige Aufgabe: mit dem vom Mann verdienten Geld hauszuhalten. Diese »Verwaltung« des Einkommens schloß gleichzeitig ein, daß die Frau, wenn es nicht reichte, den Lebensunterhalt der Familie durch Zuarbeiten, durch eigenen Lohnerwerb sicherte.

Gelegenheit dazu gab es; das kapitalistische Erwerbssystem benötigte zunehmend auch weibliche Arbeitskräfte. Friedrich Engels hatte diese Möglichkeit für die Frauen, außerhalb der Kleinfamilie produktive Arbeit zu leisten, als emanzipatorische Chance gesehen, zugleich aber den scharfen Widerspruch betont, der ihr unter kapitalistischen Verhältnissen innewohnte: »Erst die große Industrie unsrer Zeit hat ihr – und auch nur der Proletarierin – den Weg zur gesellschaftlichen Produktion wieder eröffnet. Aber so, daß, wenn sie ihre Pflichten im Privatdienst der Familie erfüllt, sie von der öffentlichen Produktion ausgeschlossen bleibt und nichts erwerben kann; und daß, wenn sie sich an der öffentlichen Industrie beteiligen und selbständig erwerben will, sie außerstande ist, Familienpflichten zu erfüllen.«[3]

3 Ebenda.

Was Engels als einander absolut ausschließende Faktoren beschreibt, haben Arbeiterfrauen unter dem ökonomischen Druck, dazuverdienen zu müssen, immer zu vereinbaren gehabt. In der kritischen Charakterisierung ihrer Lebensweise wird dies als »Doppelbelastung« beschrieben. So fragwürdig dieser Begriff für die Gegenwart ist, weil er zwei völlig verschiedene Bereiche weiblicher Lebenstätigkeit gleichsetzt und beide negativ wertet – für die Lage der Arbeiterfrauen um 1900 hat er einige Berechtigung. Auch Frauen in der Landwirtschaft und im Handwerk hatten neben der Wirtschaft im Hause noch weitere Arbeitsgebiete in Regie: den Garten, das Kleinvieh, die Herstellung der Textilien, den Verkauf der Erzeugnisse des Hofes oder des Gewerbes. Dies alles aufzuarbeiten kostete oft übermenschliche Anstrengungen. Dennoch waren für sie die geforderten Leistungen vereinbar, weil ineinandergreifend zu organisieren und gegebenenfalls arbeitsteilig von mehreren weiblichen Familienangehörigen zu erledigen.

Für die Arbeiterfrauen fiel vor allem die Gegensätzlichkeit beider Verantwortungsbereiche, ihre räumliche Trennung und zeitliche Ausschließlichkeit als physische und psychische Belastung ins Gewicht. Ihre Erwerbstätigkeit hatte notwendig die Reduzierung des Aufwandes für die Familie zur Folge. Verzicht auf Lohnerwerb gefährdete wiederum deren Lebenshaltung. Diese Zersplitterung der Frauenkraft bewirkte, daß in keinem der Aufgabenbereiche ein positives, zufriedenes Verhältnis der Frauen zu dem Geleisteten aufkommen konnte. Immer kämpften sie mit dem schlechten Gewissen, etwas vernachlässigt zu haben.

Vor dem Hintergrund dieser Arbeitssituation ist die Frage nach der Entlastung der Arbeiterfrauen, nach ihrem subjektiven Befinden und dem möglichen Spielraum ihrer persönlichen Entfaltung zu stellen. Die Klassiker des Marxismus-Leninismus und die Theoretiker der Arbeiterbewegung haben, kulturell progressive Elemente in der proletarischen Lebensweise betonend, hauptsächlich auf die Potenzen der Lohnarbeit für eine emanzipierte individuelle und gesellschaftliche Stellung der Frauen hingewiesen. Kategorisch damit verbunden war die Forderung der Befreiung der Frauen von der privaten Hausarbeit als einer Tätigkeit, »die nichts enthält, was die Entwicklung der Frau irgendwie fördern könnte«.[4] Sie sollte durch kollektive Lösungen ersetzt werden. Die »Frauenfrage« bestand (und besteht) nicht allein in der doppelten Arbeitslast und ihrer technischen Meisterung. Eng damit verknüpft ist das Bewußtmachen und die schließliche Überwindung von seit Generationen verinnerlichten, für die Frauen nachteilig wirkenden Verhaltensmustern in den Beziehungen der Geschlechter, in der familiären und gesellschaftlichen Arbeitsteilung. Abgesehen von den ethischen Dimensionen der Gleichberechtigung werden hier vor allem Fragen der Familienlebensweise berührt. Was hieße denn in diesem Zusammenhang »Befreiung von der Hausarbeit«? Was kann mit kulturellem Gewinn vergesellschaftet werden, was wird stets sinnvoller und zufriedenstellender nur individuell zu leisten sein? Und von wem?

Der ökonomische Druck, durch den zunehmend Frauen in die gesellschaftliche Produktion einbezogen wurden, hat bereits vor hundert Jahren als Antrieb für die Vergesellschaftung sozialer Aufgaben der Familie und für die »Industrialisierung« von Hausarbeit im engeren Sinne gewirkt. In relativ kurzer Zeit bildete sich dafür ein breites Angebot an Waren und Dienstleistungen heraus, entstanden erste öffentliche Fürsorgeeinrichtungen für soziale Notfälle. Die damit verbundene Einschränkung der Hausarbeit, auch ihre teilweise Vereinfachung, konnte Frauen, die objektiv in der kapitalistischen Industrie gebraucht wurden, die Aufnahme von Lohnarbeit erleichtern, machte sie in größerem Umfange erst möglich.

Unmittelbare Veränderungen, gar eine Revolutionierung in der Familienlebensweise und im Verhältnis der Geschlechter brachte das jedoch nicht. Die strikte Aufteilung der Verantwortungsbereiche war in Arbeiterfamilien vorherrschend geblieben, ja, sie wurde weiter befe-

4 W. I. Lenin: Über die Aufgaben der proletarischen Frauenbewegung in der Sowjetrepublik. Rede auf der IV. Konferenz parteiloser Arbeiterinnen der Stadt Moskau, 23. September 1919. In: Werke, Bd. 30, S. 26.

stigt. Als erstrebenswertes Ziel sahen beide Ehepartner, daß die Frau nicht (mehr) erwerben mußte und sich als Hausfrau und Mutter nur der Familie widmen konnte. Das entsprach zum einen dem bürgerlich geprägten Lebensideal jener Zeit. Es war unter den gegebenen Verhältnissen aber auch die beste Weise, die Funktionen der Familie, leibliches Wohl und emotionale Geborgenheit für Erwachsene und Kinder zu sichern, auf dem erforderlichen Niveau zu garantieren. Die Ansprüche und Erwartungen der Arbeiter, diesen Lebensbereich betreffend, nahmen im Zuge der kapitalistischen Entwicklung zu. Eine gemütliche Wohnung, ein harmonisches Familienleben, das Wohl ihrer Kinder wurden zu zentralen Wertorientierungen ihres Lebens.

Die gesamte persönliche Entwicklung der Frauen, schon ihre Erziehung als Mädchen, war auf lebenslange Familienpflichten ausgerichtet. Nahmen sie Lohnarbeit auf, mußte diese der Hausarbeit und der Kinderversorgung angepaßt werden. Ihre Neigung zu einem Beruf etwa spielte keine Rolle. Entsprechend war der Charakter der Arbeit: zeitweilig, spontan, selten geregelt, schnell zu »erlernen«, leicht zu wechseln und ohne Bedauern wieder aufzugeben, wenn der Mann genug verdiente.

Das Leben der Männer war weit mehr öffentlichkeitsorientiert. Sie machten wesentliche und vielfältige Erfahrungen bei der Arbeit in der Fabrik, in den politischen Organisationen und Vereinen. Sie hatten Zeit für sich, konnten sich in gewissem Umfang erholen, vergnügen, bilden.

Aus der hier angedeuteten Polarisierung der Tätigkeiten und Lebensräume von Männern und Frauen erwuchsen zwangsläufig ungleiche, in mancher Hinsicht sogar gegensätzliche Entwicklungen. Ohne Frage prägte lebenslang währende alltägliche Hausarbeit andere Verhaltensweisen und Ansichten, als sie zum Beispiel bei kontinuierlicher Berufstätigkeit auszubilden waren. Die mangelnde Entscheidungsfreiheit über Inhalt und Zeitpunkt ihrer Lohnarbeit zwang die Frauen, größere Ausbeutung zu akzeptieren und auf berufliche Qualifizierung völlig zu verzichten. In ihrem Tagesablauf war immer alle Zeit belegt – entweder mit Hausarbeit oder mit Erwerb. Das begrenzte die Muße auf ein Minimum, schloß Freizeitinteressen im weiteren Sinne aus.

In diesen Arbeits- und Lebensbedingungen von Arbeiterfrauen waren die kulturell vorwärtsweisenden Momente des Lohnarbeiterdaseins – Selbstbestimmung, freie Zeit, Mobilität – höchstens ansatzweise zu finden. Auch ihre politische Entwicklung als Klassenangehörige blieb zurück. Die wenigsten nutzten die Freizeitorganisationen der Arbeiterbewegung, und nur einige (ledige Industriearbeiterinnen) bewiesen Bereitschaft zu gewerkschaftlichem und politischem Engagement.

Für die Situation des größten Teils der Arbeiterinnen überwogen zu Beginn unseres Jahrhunderts die Merkmale sozialer Unterlegenheit und beschränkter individueller Bedürfnisse. Um so aufmerksamer sind daher die Anhaltspunkte dafür zu beachten, daß Demut und Schicksalsergebenheit der Frauen allmählich schwinden konnten. Real wagten sich erst wenige vor. Sichtbare Zeichen emanzipatorischen Aufbegehrens wie Scheidungen, Geburtenbeschränkung, beruflicher Ehrgeiz, Bildungsstreben, politische Interessen waren noch selten. Doch der historische Aufbruch hatte begonnen. Das Hinaustreten von Mädchen und Frauen in die gesellschaftliche Produktion wirkte zurück auf ihr Verhältnis zum Familienleben, modifizierte ihre Duldsamkeit gegenüber dem Manne zu Hause und gegenüber den ökonomischen und rechtlichen Diskriminierungen in der Gesellschaft. Erlebnisse und Erfahrungen außerhalb der Familie erweiterten ihren Horizont, ihre Fähigkeiten, ihr Wissen, ihre Kommunikation. Eigener Gelderwerb stärkte nicht nur ihr Selbstwertgefühl in der Familie, sondern setzte sie mitunter schon in die Lage, sich persönliche Wünsche zu erfüllen, spezielle Freuden zu haben. Selbst die proletarischen »Nur-Hausfrauen«, die mit immensem Einsatz und beachtlichem Organisationstalent »Reproduktionsarbeit« leisteten, konnten tendenziell selbstbewußter werden. Gegenüber der funktionsarmen Stellung der Männer in den Arbeiterfamilien hatten sie nicht nur ökonomisch das Sagen. Sie gewannen an Rang, als die Wertschätzung des Familienlebens bei ihren Männern zunahm.

Um das Leben und das Befinden der Arbeiterfrauen um 1900 zu rekonstruieren, waren sehr unterschiedliche Anhaltspunkte aus Autobiographien und historischen Schriften ernst zu nehmen. Vieles, auch Widersprüchliches und scheinbar Nebensächliches, wurde in die Darstellung aufgenommen. Die Fülle des Materials soll dem Leser die Gelegenheit bieten, sich ein Bild von der Lebensgeschichte der Arbeiterfrauen zu machen. Kommentare und Erklärungen wurden deshalb nur zurückhaltend angefügt.

Kindheit

In der Familie

»Da ist das proletarische Mädchen – dreifach benachteiligt, weil es ein Proletarier, ein Kind und ein Mädchen ist. Es gibt kein härteres Los, keine ungünstigere Placierung in dieser an Härte und Ungunst so reichen Gesellschaftsordnung.«[1]

Diese bitteren Worte berühren soziale Verhältnisse, die zwar in der kapitalistischen Gesellschaft des 19. Jahrhunderts bereits in Bewegung geraten waren – als Kampf um die Befreiung des Proletariats, um die Emanzipation der Frauen und in der zunehmenden gesellschaftlichen Beachtung von Kindheit und Jugend. Für die reale Situation und Lebensperspektive heranwachsender Arbeitermädchen blieb eine solche Wertung jedoch bis ins 20. Jahrhundert hinein zutreffend.

In einer Arbeiterfamilie aufzuwachsen hieß, die für die materielle Existenz aller Klassenangehörigen charakteristische Ausbeutung, die Mängel und Unsicherheiten des Daseins zeitig zu spüren. Hunger, Wohnungsnot, Exmittierung, jähe Wendungen des Schicksals durch Krankheit und Tod naher Angehöriger, die verzweifelten Anstrengungen der Mutter, die Familie durchzubringen, eigene frühe Haus- und Erwerbsarbeit, der Wunsch, sich einmal richtig sattzuessen und auszuschlafen, und die

1 Otto Rühle: Illustrierte Kultur- und Sittengeschichte des Proletariats. Erster Band, Berlin 1930, S. 452.

Die Eltern sind auf Arbeit.
Zeichnung von Heinrich Zille

Sehnsucht, zu spielen und zu lernen, bestimmen den Grundtenor aller proletarischen Kindheitserinnerungen.

»Den Kindern nichts bieten zu können. Das Herz möchte zerspringen bei dem Gedanken« – so klagte 1912 ein Berliner Textilarbeiter.[2] Das, was ihm vorschwebte, war bescheiden genug und konnte dennoch zu dieser Zeit bestenfalls Kindern gutverdienender großstädtischer Facharbeiter (der Maschinenindustrie oder des graphischen Gewerbes) zuteil werden: genügend Nahrung, ausreichend Kleidung, ein eigenes Bett, Spielzeug und Bücher und, was ebensowichtig war, Freisein vom Zwang, Geld zu verdienen, regelmäßiger Schulbesuch und Muße.

Die Mehrzahl der Arbeiter hatte für ihre Kinder zuwenig Platz in den Wohnungen und kaum Zeit, sich ihnen zu widmen. Fast alle waren außerdem auf Mithilfe der Kinder zur Existenzsicherung der Familie angewiesen. Je mehr Kinder eine Familie hatte, desto dringender wurde zunächst einmal der Lohnerwerb der Mutter. Die Versorgung der Kleinen gestaltete sich dabei zum schier unlösbaren Problem, für das die Arbeiterfrauen nur provisorische Auswege finden konnten.

2 Adolf Levenstein: Die Arbeiterfrage, München 1912, S. 145.

Gelegentlich nahmen Großmütter oder Nachbarinnen die unselbständigen Kinder in ihre Obhut. Um weiter voll verdienen und etwas anschaffen zu können, trennten sich Arbeitereltern mitunter über längere Zeit von ihren Erstgeborenen. Sie gaben die Kleinen in relativ kostspielige Pflegestellen auf dem Lande, zu »Zieheltern«. Für alleinstehende Mütter war diese Form der Kinderbewahrung der einzige Weg, überhaupt weiter existieren zu können.

Nennenswerte Lösungen der täglichen Kinderversorgung außerhalb der Familie bestanden noch nicht. Die wenigen von der Kirche oder privaten Stiftern betriebenen Krippen oder Kindergärten vermochten lediglich einen Bruchteil der in Frage kommenden Kinder aufzunehmen. So gab es 1908 in ganz Berlin nur etwa 1000 Kindergarten- und 10 000 Krippenplätze, während mindestens die dreifache Zahl dringend gebraucht wurde.[3] Verschwindend gering war ebenso die Zahl der Horte. »Auf eine im Jahre 1905 im Auftrage des Berliner Vereins Mädchenhort ... veranstaltete Umfrage an 250 größere deutsche Städte gaben 91 Städte Auskunft über 438 dort bestehende Horte, die von etwa 26 000 Kindern besucht wurden.«[4] Im Verhältnis zu den fürsorgebedürftigen Schülern, so wurde die Untersuchung von sozial denkenden Pädagogen kommentiert, sei dies erschreckend wenig und das Ziel, die proletarische Schuljugend vor Verwahrlosung zu schützen, sie zur Erledigung der Schularbeiten und zur sinnvollen Verwendung der freien Zeit zu erziehen, weit entfernt.

Die Mehrzahl der Arbeiterkinder blieb, wenn beide Eltern erwerbstätig waren, sich selbst überlassen. Doch wo durften sie sich aufhalten? Städtische Spielplätze gab es nicht, »Kinderzimmer« hatte keine Arbeiterwohnung, und an jeder Mietskaserne fand sich am Eingang die kategorische Bekanntmachung des Wirtes: »Der unnötige Aufenthalt und das Spielen auf den Treppen und Höfen ist streng verboten.« Damit wurden die Kinder ge-

3 Siehe Annemarie Lange: Das Wilhelminische Berlin, Berlin 1980, S. 391.

4 Adele Schreiber: Kinderhorte. In: Das Buch vom Kinde. Bd. II/1, Leipzig und Berlin 1906, S. 147.

zwungen, auf die Straße zu gehen, und die kleineren mußten den ganzen Tag in der engen Wohnung zubringen, mitunter sogar eingeschlossen und am Bettchen festgebunden. »Ältere« Geschwister, oft selbst noch im Kleinkindalter – weil die Großen zur Schule oder Arbeit gingen – hatten die Kleinsten zu hüten. Das war vorrangig Aufgabe der Mädchen, ihre erste Gelegenheit, sich »nützlich« zu machen und die Mutter zu unterstützen.

Hinzukommende Geschwister wurden kaum als »freudiges Ereignis« begrüßt, brachten sie doch immer zusätzliche Belastungen und Einschränkungen der Lebensbedingungen für alle Familienmitglieder. Langfristig war ein Esser mehr am Tisch, mußten die anderen auf dem Schlafplatz zusammenrücken, oder es wurde nun unvermeidbar, daß die Mutter Geld verdiente. Mehr als 3 Kinder brachten eine Arbeiterfamilie in erhebliche materielle Schwierigkeiten – und um 1900 hatten großstädtische Arbeiter im Durchschnitt 4 bis 5 Kinder. In einer Untersuchung proletarischer Lebenshaltung hieß es dazu: »Wo mit zwei Händen eine Familie von fünf Köpfen zu ernähren war, da ergab sich, daß die Ernährung gerade noch zureichte; wo aber die Familie mehr als fünf Köpfe zählte und von zwei Händen zu erhalten war, da war von Ausgaben für Angenehmes und Nützliches keine Rede mehr, da reichte die Einnahme selbst nicht mehr aus zu ordentlicher Kleidung und zu genügender Beköstigung ...«[5] Aus eigenem Erleben schilderte ein Arbeitervater: »Es wird einem Angst und Bange, wenn man bei Tische die sechs Sprößlinge einhauen sieht.«[6] Die Mutter dieser Sechs verzweifelte geradezu an dem reichen »Kindersegen« und beklagte sich als benachteiligt, wenn in anderen Familien ein Kind gestorben war: »Diese Menschen haben ein Glück! Die hätten nun auch sechs und so haben sie nur das eine, während unsereins im Übermaße geplagt ist. Uns stirbt kein solcher Balg weg.«[7] Daß kleine Kinder starben, daß viel mehr geboren

5 Max May: Zehn Arbeiter-Budgets, deren Sieben nur mit Zuschüssen des Arbeitgebers bilancieren, Berlin 1891, S. 10.

6 Moritz Theodor William Bromme: Lebensgeschichte eines modernen Fabrikarbeiters, Jena und Leipzig 1905, S. 360.

7 Ebenda, S. 367.

wurden als aufwuchsen, gehörte damals noch zu den gewohnten Erfahrungen des Arbeiterlebens. Der Tod von Geschwistern oder eigenen Kindern wird in den frühen proletarischen Lebensläufen nun nicht gerade als Glück begrüßt, wie hier, aber es wird fast beiläufig darüber berichtet als über eine der vielen Widrigkeiten der ohnehin ausweglosen Verhältnisse. So bei dem Fabrikarbeiter Wenzel Holek: »In dieser trostlosen Lage ist auch meine Frau niedergekommen, mit einem Mädchen, und wir konnten die Hebamme nicht bezahlen. Wir verkauften unsere Nähmaschine, die zweiundvierzig Gulden kostete, für fünfzehn Gulden. Als das Mädchen dann wieder starb, fehlte auch da wieder alles Geld. Aber das machte mir persönlich schon viel weniger Sorgen, denn begraben mußte das Wurm doch werden. Das war übrigens das vierte Kind, das aus der zweiten Ehe starb, zwei blieben am Leben. Aus der ersten Ehe lebten auch noch vier, und fünf, darunter zweimal Zwillinge, waren gestorben.«[8]

Mindestens bis zum Jahrhundertende herrschte in proletarischen Familien gegenüber den (von zahlreichen Geburten und hoher Säuglingssterblichkeit begleiteten) enormen Anstrengungen, Kinder großzuziehen, eine duldende, oft religiös ergebene Haltung vor, wie sie die Arbeiterfrau Hoffmann, in ländlichen Verhältnissen lebend, reflektierte: »Kinder machen den Arbeitern viel Arbeit und Mühe; aber das schadet nicht. Kinder sind eine Gabe Gottes.«[9] Und auch das, was sie hinzufügt, wirkte damals nicht nur im Empfinden rückständiger Landbevölkerung: »Jungen sind aber mehr wert als Mädchen. Dem Jungen flitzen nur so die Augen herum. Ein Jung' ist ein Jung'; er ist mehr wert, wie drei Marjellen. Das Mädchen ist zu bedauern.«[10] In »allen Volksklassen« war es damals üblich, von frühester »Jugend an Knaben reichlicher und kräftiger zu ernähren als Mädchen ...«[11].

8 Wenzel Holek: Lebensgang eines deutsch-tschechischen Handarbeiters, Jena 1909, S. 323.

9 Aus der Gedankenwelt einer Arbeiterfrau, Berlin 1909, S. 44.

10 Ebenda.

11 Henriette Fürth: Die Fabrikarbeit verheirateter Frauen, Frankfurt (Main) 1902, S. 59.

Und mehr noch. »Die offen gezeigte Enttäuschung der Eltern, wenn das Neugeborene ein Mädchen ist, die takt- und herzlosen Hinweise von Eltern und Erziehern auf die als minderwertig beurteilte Geschlechtszugehörigkeit sind geeignet, sehr bald im kleinen Kinde die Vorstellung zu erzeugen, daß seine natürliche und unabänderliche Geschlechtsrolle ein Verhängnis sei. Das Mädchen fühlt sich von Natur benachteiligt, nur weil es Mädchen ist.«[12]

Auch in vielen Arbeiterfamilien wurde der »Stammhalter« traditionell bevorzugt, nicht nur was die Kost anging. Die Väter waren stolz auf viele Söhne, und die Mütter sahen in ihnen die zukünftige Stütze ihres Alters. Während ihre Brüder geschont wurden, zog man kleine Mädchen früh zur Arbeit im Haushalt heran. Sie waren mit Waschen und Kochen, Einkaufen und Putzen, Nähen und Stricken beschäftigt, während Jungen eher Zeit zum Spielen zugestanden wurde.

Der sozialistische Pädagoge Otto Felix Kanitz hat auf die kulturellen Wirkungen einer frühen Einübung ungleicher Rechte und Pflichten in der Familienerziehung hingewiesen: »Diese doppelte Unterdrückung des kindlichen Mädchens hat nicht nur die Entwicklung eines besonders starken Minderwertigkeitsgefühls in den Mädchen zur Folge, ein Minderwertigkeitsgefühl, mit dem immer auch eine große Entmutigung verbunden ist, es führt nicht nur dazu, daß sie Angst vor ihrer künftigen Rolle als Frau und Mutter empfinden, diese doppelte Unterdrückung hat auch zur Folge, daß die Proletariermädchen und Frauen auch als Erwachsene niemals so recht das Gefühl der *Gleichwertigkeit* empfinden, daß sie sehr oft selbst die *gefährlichsten Feindinnen* für die Befreiung der Frau werden, daß sie schließlich das Los der Unterdrückten, das sie vom Augenblick ihres Bewußtwerdens immer wieder erlebt haben, als eine traurige Selbstverständlichkeit empfinden. Eine nicht geringe Gefahr für den Kampf der Arbeiterklasse um ihre Befrei-

12 Otto Rühle: Die Seele des proletarischen Kindes, Dresden 1925, S. 37.

ung, zumal die Frauen die ersten, daher wichtigsten Erzieher der Kinder sind. Und nur *freie* Menschen können freie Menschen erziehen.«[13]

Mutter und Vater

Zu Recht betonte Kanitz den starken Einfluß der Arbeiterfrauen auf ihre Kinder. Anders als in ländlichen Verhältnissen, wo ein größerer Kreis von Erwachsenen – Verwandte, Gesinde, Dorfnachbarn – die Beaufsichtigung, Versorgung und Belehrung der Jüngeren leistete, und verschieden auch von einer durch den Vater bestimmten Erziehungsstrategie in bürgerlichen Familien, trug die Proletarierin den Hauptteil der sozialen Verantwortung und alle Arbeitslast, um die Kinder aufzuziehen. Ihre Fähigkeiten, die Alltagsprobleme zu meistern, ihre Einstellung zur Arbeit, zur Schulbildung, zur Religion, zur politischen Klassenbewegung waren das, was Arbeitermädchen und Jungen *zuerst* als proletarische Lebensweise und Weltanschauung erfuhren.

Dieser Zusammenhang wurde im kultur- und sozialpolitischen Handeln der Arbeiterbewegung zeitig beachtet. Nicht nur am Kampf um die materielle Sicherung der Familie und der Mutterschaft ist das nachzuvollziehen, sondern auch im publizistischen Wirken zur »... allgemeinen Bildung der proletarischen Frau, ihrer besseren Ausrüstung für die Pflichten als Mutter und Hausfrau ...«[14].

Die sozialistischen Ideale eines harmonischen und demokratischen Familienlebens, in dem Mann und Frau, Eltern und Kinder, Schwestern und Brüder sich solidarisch, gerecht und kameradschaftlich zueinander verhalten sollten, wurden so zuerst an die Frauen herangetragen. Erst später kamen dann Appelle an das Verantwortungsbewußtsein der Väter für ihre Familien hinzu. Merkbarer Umsetzung dieser zukunftsweisenden Idea-

13 Otto Felix Kanitz: Das proletarische Kind in der bürgerlichen Gesellschaft, Jena 1925, S. 51.

14 Die Gleichheit. Zeitschrift für die Interessen der Arbeiterinnen (Stuttgart), 1905, H. 1, S. 1.

le stand in der kapitalistischen Realität des Arbeiterlebens jedoch sehr viel entgegen. Trotz unermüdlicher Anstrengung gelang es Arbeitermüttern aus Mangel an Zeit und Kräften selten, emotional aufwendig und bewußt erziehend auf kindliche Besonderheiten einzugehen – zu sehr überwog die Mühsal der Lebenserhaltung. So erinnerte sich die Arbeiterin Adelheid Popp: »Kein Lichtpunkt, kein Sonnenstrahl, nichts vom behaglichen Heim, wo mütterliche Liebe und Sorgfalt meine Kindheit geleitet hätte, ist mir bewußt. Trotzdem hatte ich eine gute, aufopferungsvolle Mutter, die sich keine Stunde Rast und Ruhe gönnte, immer getrieben von der Notwendigkeit und dem eigenen Willen, ihre Kinder redlich zu erziehen und sie vor dem Hunger zu schützen.«[15]

Dankbarkeit und Hochachtung für die Mutter, Verständnis für ihre Schwächen und ihre Unbildung, nachträgliches Mitleid mit ihrem schweren Los durchziehen fast alle überlieferten proletarischen Kindheitserinnerungen.

Ohne Frage ist zuweilen auch vom Vater in freundlichem Gedenken die Rede. Doch überwog die Zurückhaltung, wie sie sich in diesem Bekenntnis ausdrückt: »Mein ganzes Herz hing an der Mutter; vor dem Vater hatte ich eine unbezwingliche Scheu, und ich erinnere mich nicht, ihn je angeredet zu haben, oder von ihm angesprochen worden zu sein.«[16]

Mit gewalttätigen Auftritten konnten die Väter zu Hause nicht nur Scheu, sondern sogar Angst und Schrecken verbreiten. Die Anhaltspunkte dafür sind gar nicht so selten und wurden später gerade von Arbeitertöchtern sehr eindrucksvoll geschildert, war ihnen doch dieses Verhalten des Vaters erstes prägendes und abschreckendes Erlebnis männlicher »Autorität«. So schrieb die Glasschleiferin Aurelia Roth: »... wenn er (der Vater) angetrunken nach Hause kam, gab es fast immer heftige Szenen. Da hörte ich Dinge, die ich nicht verstand. Die Mutter machte ihm die bittersten Vorwürfe, wenn er kein Geld brachte. Er solle sich schämen,

15 Adelheid Popp: Die Jugendgeschichte einer Arbeiterin, Berlin/Stuttgart 1922, S. 1.
16 Ebenda.

daß die Kinder für ihn arbeiten müssen. Oft schlug er alles zusammen. Ich habe sogar sehr oft mit meiner Mutter ganze Nächte im Freien an einem verborgenen Ort verbringen müssen.«[17] Ähnliches aus der Kindheit von Adelheid Popp: »Mein Vater war jähzornig, er schlug dann die Mutter, die oft nur halb angekleidet fliehen mußte, um sich bei Nachbarn zu verbergen.«[18] Solche Szenen markierten das Äußerste und sind daher auch so nachhaltig in Erinnerung geblieben.

Autoritär war das Verhältnis der Eltern zu den Kindern in allen Arbeiterfamilien. Prügel vom Vater, auch Ohrfeigen von der Mutter, gehörten, wie häufiger berichtet wird, zur Erziehung. Zu strafen, ein »Machtwort« zu sprechen, kam vor allem dem Familienoberhaupt zu. Nicht selten bestand darin die einzige »pädagogische Leistung« des Vaters. Es war üblich, daß die Männer ihre Familienpflichten schon als vorbildlich erfüllt ansahen, wenn sie Haushaltsgeld abgeliefert hatten. Verantwortung oder Liebe ihren Kindern gegenüber drückte sich bei ihnen nicht in der kontinuierlichen Beteiligung an deren Versorgung oder Erziehung aus. Ein Mann, der nach Feierabend einkaufen ging, Windeln wusch oder gar einen Kinderwagen schob, wäre undenkbar gewesen. Dies war ausschließlich Angelegenheit der Frauen, »Weibersache«, auch der berufstätigen. Selbst wenn sie wollten, hatten Arbeiter kaum Gelegenheit, sich ihren Kindern »väterlich« zu widmen. Der lange Arbeitstag verhinderte es. Früh, wenn sie gingen, schliefen die Kleinen noch und abends vielleicht schon wieder. Den Feierabend verbrachten die Männer ohnehin kaum zu Hause. Freizeit in der Wohnung, mit der Familie zu verbringen – dazu fehlten den meisten die Voraussetzungen und die Motive. Von Höhepunkten väterlicher Zuneigung oder engeren Kontakten zu den Kindern gibt es nur spärliche Überlie-

17 Arbeiterinnen kämpfen um ihr Recht. Autobiographische Texte zum Kampf rechtloser und entrechteter »Frauenspersonen« in Deutschland, Österreich und der Schweiz des 19. und 20. Jahrhunderts, Wuppertal o. J., S. 75.

18 Adelheid Popp: Die Jugendgeschichte einer Arbeiterin, S. 1.

ferungen: mal ein Leckerbissen von ihrer Nahrung, das »Hasenbrot«, ein Besuch auf dem Rummelplatz, sonntägliche Ausflüge.

Beitrag zum Lebensunterhalt

Der Zusammenhalt in den Arbeiterfamilien offenbarte sich nicht in der Freizeit, im »häuslichen Leben«, sondern in der gemeinsamen Sicherung des Lebensunterhalts. Auch die Kinder trugen, sobald sie in der Lage waren, dazu bei.

»Kaum das sechste Jahr zurückgelegt, mußte ich in die Fabrik, um auch einen Teil für meinen Lebensunterhalt zu erwerben. Und es war wenig genug, was ich erhielt: sechzig bis siebzig Kreuzer die Woche, rohe Behandlung und viele Schläge, denn die Kinder standen schutzlos in der Fabrik. Die Schule mußte ich abends nach Feierabend von 7 bis 9 Uhr besuchen. Fragt mich nicht, was wir abgehetzten Kinder beim zweifelhaften Schein einiger Talglichter erlernten!«[19]

Extensive Ausbeutung in der Fabrik, wie sie die 1852 geborene österreichische Arbeiterführerin Anna Altmann von frühester Jugend an erfahren hatte, ist das Schicksal vieler Arbeitermädchen und -jungen noch um die Jahrhundertmitte gewesen.

Im letzten Drittel des 19. Jahrhunderts war die Kinderarbeit in den Fabriken drastisch zurückgegangen. Bei den komplizierter werdenden Produktionsabläufen konnte sie nicht mehr profitabel eingesetzt werden. Aus demselben Grunde nahm die gesetzlich vorgeschriebene Schulbildung im Leben der Kinder – der heranwachsenden Arbeitskräftegeneration für die Industrie – nun einen größeren Platz ein. Auf dem Lande und in der traditionellen Heimindustrie (Spielwarenbranche, Kunstblumenfabrikation, Holz- und Kleineisenindustrie) wandelte sich das wesentlich langsamer.

19 Anna Altmann: Blätter und Blüten. Zit. in: Ursula Münchow: Arbeiter über ihr Leben. Von den Anfängen der Arbeiterbewegung bis zum Ende der Weimarer Republik, Berlin 1976, S. 276.

Aber auch für großstädtische Arbeiterkinder bedeutete das nicht etwa Freiheit von Lohnarbeit. Es hatten sich nur ihre Einsatzgebiete auf dem kapitalistischen Arbeitsmarkt gewandelt. Nach einer offiziellen Berufszählung von 1895 waren 214 954 Kinder unter 14 Jahren in Industrie, Handwerk, Heimarbeit, Handel, häuslichen Diensten und in der Landwirtschaft tätig. Erfaßt waren mit dieser Zahl lediglich im Hauptberuf arbeitende bereits Schulentlassene – und auch längst nicht vollständig.[20] Über »nebenberuflich« erwerbende, schulpflichtige Kinder sind die Aussagen noch unsicherer. Eine Reichsenquete von 1898 ermittelte »nur« 532 283 außerhalb von Fabriken in Heimarbeit, Handel, Verkehr, Gastwirtschaften und in Auftrags- und Laufdiensten Beschäftigte. Über eine halbe Million Kinder waren offiziell als erwerbstätig registriert – von 8,3 Millionen Volksschulpflichtigen betraf das ungefähr 6,5 Prozent. Der tatsächliche Einsatz von kindlicher Arbeitskraft ist wesentlich höher gewesen. (Zur gleichen Zeit, das wurde damals nicht veröffentlicht, waren zum Beispiel 1,8 Millionen Volksschüler regelmäßig beziehungsweise häufig in der Landwirtschaft tätig.)[21]

Nach dem Ausmaß der Industrieansiedlung verteilte sich der Anteil der arbeitenden Kinder territorial unterschiedlich. Er war mit 12,3 Prozent in Berlin beträchtlich, am höchsten jedoch in den Schwerpunkten der Heimindustrie (Sachsen, Sachsen-Altenburg, Sachsen-Meiningen, Sachsen-Coburg-Gotha) mit 15 bis 24 Prozent gewerblich tätiger Volksschulkinder.

Der Charakter und der Umfang der Tätigkeiten, die Entlohnung und die Arbeitsbedingungen der Kinder blieben weitgehend verborgen, waren schwer kontrollierbar und noch weniger beeinflußbar. Das geht aus den Berichten der Kinderschutzkommissionen hervor, in denen seit 1905 Sozialdemokratinnen versuchten, den Mißständen praktisch entgegenzuwirken.[22] Wichtige Details und

20 Siehe Konrad Agahd: Gewerbliche Kinderarbeit. In: Das Buch vom Kinde. Bd. II/2, S. 80.

21 Siehe Jürgen Kuczynski: Geschichte des Alltags des deutschen Volkes. Studien 4. 1871–1918, Berlin 1982, S. 393.

22 Siehe ebenda, S. 396–398.

Extreme der Situation arbeitender Kinder deckten engagierte Volksschullehrer auf: »Kinder arbeiteten bis zu 4 Jahren herab, arbeiteten von 3 Uhr früh bis zum Beginn des Schulunterrichts, vom Nachmittag bis in die Nacht, immer nach Tausenden gezählt. Sie arbeiteten neben den Schulstunden 30, 40, 50 bis 60, auch 72 Stunden die Woche, sie arbeiteten in direkt gesundheitgefährlichen und gesundheitschädigenden Betrieben, Zehntausende hatten keinen Sonntag, keine Zeit zum Spielen, zu wenig Schlaf.«[23] Lehrer waren es auch, die die Folgen solcher Schinderei für das Leistungsvermögen in der Schule herausstellten: »Übermüdung, schlechte häusliche Arbeiten, Unfleiß im Unterricht, Verspätungen, Versäumnisse«.[24]

Um die Jahrhundertwende wurde die gewerbliche Kinderarbeit offiziell in folgenden Wirtschaftsbereichen erfaßt[25]:

in		absolut	%
Industrie		306 823	57,64
Handel		17 623	3,31
Verkehr		2 691	0,51
Gast- und Schankwirtschaft		21 620	4,06
Austragedienste		135 830	25,52
Gewöhnliche Laufdienste		35 909	6,75
Sonstige gewerbl. Tätigkeit		11 787	2,21
	Summa	532 283	100

Es handelte sich um Kinder von 6 bis 14 Jahren, in der Mehrzahl von 12 bis 14 Jahren. Ob Mädchen und Jungen gleichermaßen, geht aus den Erhebungen nicht hervor. Andere zeitgenössische Äußerungen geben jedoch Anhaltspunkte für eine geschlechtsspezifische Differenzie-

23 Konrad Agahd: Gewerbliche Kinderarbeit. In: Das Buch vom Kinde. Bd. II/2, S. 81.

24 Ebenda.

25 Siehe Friedrich Zahn: Das Kind in der Statistik. In: Ebenda, S. 21.

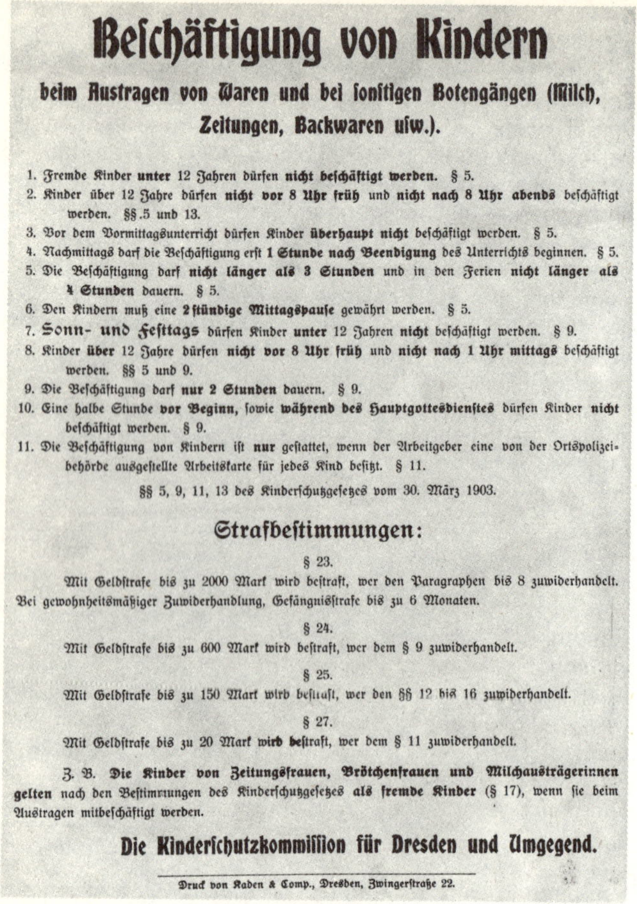

Beschäftigung von Kindern

beim Austragen von Waren und bei sonstigen Botengängen (Milch, Zeitungen, Backwaren usw.).

1. Fremde Kinder **unter** 12 Jahren dürfen **nicht beschäftigt werden.** § 5.
2. Kinder über 12 Jahre dürfen **nicht vor 8 Uhr früh** und **nicht nach 8 Uhr abends** beschäftigt werden. §§.5 und 13.
3. Vor dem Vormittagsunterricht dürfen Kinder **überhaupt nicht** beschäftigt werden. § 5.
4. Nachmittags darf die Beschäftigung erst **1 Stunde nach Beendigung** des Unterrichts beginnen. § 5.
5. Die Beschäftigung darf **nicht länger als 3 Stunden** und in den Ferien **nicht länger als 4 Stunden** dauern. § 5.
6. Den Kindern muß eine **2stündige Mittagspause** gewährt werden. § 5.
7. **Sonn- und Festtags** dürfen Kinder **unter** 12 Jahren **nicht** beschäftigt werden. § 9.
8. Kinder **über** 12 Jahre dürfen **nicht vor 8 Uhr früh** und **nicht nach 1 Uhr mittags** beschäftigt werden. §§ 5 und 9.
9. Die Beschäftigung darf **nur 2 Stunden** dauern. § 9.
10. Eine halbe Stunde **vor Beginn,** sowie **während des Hauptgottesdienstes** dürfen Kinder **nicht** beschäftigt werden. § 9.
11. Die Beschäftigung von Kindern ist **nur** gestattet, wenn der Arbeitgeber eine von der Ortspolizeibehörde ausgestellte Arbeitskarte für jedes Kind besitzt. § 11.

§§ 5, 9, 11, 13 des Kinderschutzgesetzes vom 30. März 1903.

Strafbestimmungen:

§ 23.

Mit Geldstrafe bis zu 2000 Mark wird bestraft, wer den Paragraphen bis 8 zuwiderhandelt. Bei gewohnheitsmäßiger Zuwiderhandlung, Gefängnisstrafe bis zu 6 Monaten.

§ 24.

Mit Geldstrafe bis zu 600 Mark wird bestraft, wer dem § 9 zuwiderhandelt.

§ 25.

Mit Geldstrafe bis zu 150 Mark wird bestraft, wer den §§ 12 bis 16 zuwiderhandelt.

§ 27.

Mit Geldstrafe bis zu 20 Mark **wird bestraft,** wer dem § 11 zuwiderhandelt.

Z. B. **Die Kinder von Zeitungsfrauen, Brötchenfrauen und Milchausträgerinnen gelten** nach den Bestimmungen des Kinderschutzgesetzes **als fremde Kinder** (§ 17), wenn sie beim Austragen mitbeschäftigt werden.

Die Kinderschutzkommission für Dresden und Umgegend.

Druck von Kaden & Comp., Dresden, Zwingerstraße 22.

Flugblatt, 1907

rung der Tätigkeiten. Demnach wurden Jungen vorzugsweise mit dem Austragen von Backwaren und Zeitungen, mit Kegelaufsetzen und Karussellschieben, beim Zigarrendrehen, Weben, Polieren, als Hausierer, Tellerwäscher oder Laufburschen beschäftigt. Die häufigsten Lohnarbeiten für Mädchen waren Nähen, Putzen, Kinderwarten, Tütenkleben, Borsteneinziehen, Straßenhandel.

Der Lohn für diese Arbeiten betrug meist nur Pfennige. Aber auch die kleinste Summe zählte im Budget der Arbeiterfamilien. Darum wurde genau kalkuliert, wie selbst die Arbeitskräfte der Kinder ökonomisch am günstigsten einzusetzen seien. Jungen hatten vorwiegend abrechenbare Tätigkeiten, außerhalb der Wohnung. Sie brachten Geld nach Hause. Die Mädchen wurden vorzugsweise für nicht direkt als Arbeit bewertete unbezahlte zeitlich unbegrenzte Leistungen im Haushalt herangezogen. Variabel wie die potentielle Erwerbsfähigkeit ihrer Mutter, richtete sich der Einsatz der heranwachsenden Mädchen primär nach den aktuellen Bedürfnissen des Familienzyklus. Nicht selten war es günstiger, alle Hausarbeit und die Versorgung der kleinen Geschwister den größeren Töchtern zu übertragen, damit die Mutter ganztägig einer Erwerbstätigkeit außerhalb der Wohnung nachgehen konnte. Diese immensen Anforderungen, die weit über das zur Familienerziehung gehörende Maß an Haushaltspflichten für die Kinder hinausgingen, sind nirgends als »Kinderarbeit« registriert worden. Als erster hat der sozialdemokratische Pädagoge Julius Deutsch in seiner 1907 erschienenen Schrift »Die Kinderarbeit und ihre Bekämpfung« nachdrücklich vor der Verharmlosung und Unterschätzung der von Kindern in Familienhaushalten geleisteten Arbeit gewarnt und sie, was Zeitaufwand und Anspannung betraf, als mit jeder Lohnarbeit vergleichbar bezeichnet. Nur – diese Fron »zahlte sich nicht aus«, galt als selbstverständlich, war uneingeschränkt, ungeschützt und nicht geachtet. Manchmal begleiteten erstaunte Berichte über die »Hilfe« der Kinder die Analysen der Lebensbedingungen von Arbeiterinnen – wie dieser aus der Berliner Textilindustrie: »Was solche kleinen 12jährigen Mädchen oft zu leisten vermögen – allerdings stets unter Hintenansetzung ihrer Gesundheit und körperlichen Entwicklung – grenzt ans Unglaubliche. Schon früh, gleichzeitig mit oder noch vor der Mutter, erhebt es sich von seinem Lager und stürzt, im Winter noch in tiefster Dunkelheit, davon, um Milch und Morgenbrot zu holen. Während dann die Mutter das erste Frühstück und den Tagesproviant für sich und den Vater bereitet, ist die kleine Gehilfin emsig mit dem Waschen und Anziehen der kleineren Geschwister beschäftigt und eilt erst im letzten Moment mit ihren Büchern der Schule zu. Nach der Rückkehr aus derselben wird das Mittagsmahl für die Geschwister bereitet – oft auch für die Eltern, und ehe das arme Wurm an sich selber denken kann, muß es noch mit dem Essen den weiten Weg bis zu den Werkstellen von Vater und Mutter zurücklegen; – dann folgt nach dem Essen das Abwaschen, das Bettenmachen und das Aufräumen der in der Eile des Morgens in größter Unordnung zurückgelassenen Wohnung. Danach sind womöglich noch Gänge zu machen, um dies oder jenes für den Haushalt einzuholen, und wenn dann schließlich am Abend die Eltern ermüdet von der Arbeit heimkehren, so verlangen sie wohl auch noch Hilfe und Bedienung. Was Wunder, wenn solches Kind keine Zeit für seine Schularbeiten und oft nicht einmal die nötige Spannkraft für den Unterricht findet.«[26]

Eine andere Variante, die Arbeitsproduktivität der Mutter mithelfend zu steigern, bestand in der direkten Beteiligung der Töchter an der Heimarbeit, mit der eine beträchtliche Zahl großstädtischer Arbeiterfrauen dazuverdiente. An dieser Erwerbsarbeit der Mutter konnten die Mädchen schon im Vorschulalter beteiligt werden, und sie wuchsen auf diese Weise nicht selten in ihren zukünftigen Beruf hinein.

Aus etlichen Fragebogen einer Umfrage bei Arbeiterinnen der Berliner »Blusen-, Unterrock-, Schürzen- und Tricotkonfektion« ging hervor, »daß Frauen schon seit ihrer Kindheit (seit ihrem 5. und 6. Jahr, wie einige behaupten) Konfektion gearbeitet haben, d. h. mit kleinen Hilfsleistungen, Besätze kniffen, Faden ausziehen usw. beschäftigt wurden, wie ja auch die jüngsten Kinder zum Abholen und Liefern benutzt werden. Dabei wachsen sie heran, ihre Leistungen steigern sich und werden schließlich dem älteren Familienmitglied, das sie lehrt, unentbehrlich. Dazu kommt noch, daß die heranwachsenden Mädchen, besonders wenn viel Nachwuchs an jüngeren Geschwistern vorhanden ist, für deren Pflege

26 Hans Grandke: Berliner Kleiderkonfektion. In: Schriften des Vereins für Sozialpolitik. Bd. 85, Leipzig 1899, S. 284/285.

schwer zu entbehren sind, und so wird der Übergang zu einer besser gelohnten Beschäftigung leicht verpaßt ... Daß ältere Schulmädchen, die schon ordentlich nähen können, manchmal in übermäßiger Weise zur Arbeit herangezogen werden, kommt vor. (Eine Mutter behauptete, daß ihre zwölfjährige Tochter manchmal von 2–10 Uhr helfen müsse.) Die jüngeren Kinder können jedoch nur ganz vorübergehend an kleinen Nebenarbeiten beteiligt werden.«[27]

Eindrucksvoller, als es alle Berichte Außenstehender vermögen, geben proletarische Selbstzeugnisse Auskunft über den zentralen Rang, den die Arbeit in der Kindheit hatte. Das Alter, in dem die Erwerbsarbeit aufgenommen wurde, das tägliche Arbeitspensum und die Art der Tätigkeiten bestimmten das physische und psychische Befinden und die Persönlichkeit der Kinder. Diese Belastungen setzten das Maß des Schulbesuchs und beeinträchtigten nicht zuletzt die Gesundheit der Heranwachsenden. Unterdrückte kindliche Sehnsüchte und Bedürfnisse, zu lesen oder zu lernen, zu spielen oder draußen herumzutoben – einmal den unerbittlichen Pflichten zu entkommen –, klingen neben dem Stolz, schon zeitig widrigen Umständen getrotzt und durchgehalten zu haben, in manchen Lebenserinnerungen an. Was Luise Zietz, Tochter eines Wollwebers und spätere Führerin der proletarischen Frauen, berichtet, ist nicht allein für die harten Bedingungen in der Heimindustrie typisch, sondern spricht das subjektive Empfinden vieler Arbeiterkinder von damals aus:

»Das Spulen war für uns Kinder eine schreckliche Marter. Da hockten wir Stunde um Stunde auf dem niedrigen Stühlchen hinter dem Spulrad bei der entsetzlich eintönigen und ermüdenden Arbeit, immer nur spulen, spulen, spulen. Der Rücken schmerzte, der rechte Arm, der das Rad drehen mußte, drohte zu erlahmen, die Finger der linken Hand wurden von den scharf gesponnenen Fäden, die zur gleichmäßigen Verteilung auf die Spule geleitet werden mußten, blutig gerissen.

27 Gertrud Dyhrenfurth: Die hausindustriellen Arbeiterinnen in der Berliner Blusen-, Unterrock-, Schürzen- und Tricotkonfektion, Leipzig 1898, S. 24.

Und bei der Kälte in den schrecklich harten Wintertagen verklammten Hände und Füße, denn die große Werkstatt sollte von einem kleinen Kanonenofen erwärmt werden, für den es oft genug noch an Holz und Kohlen mangelte.

Lachte dagegen an den warmen Sommertagen die Sonne durch die Scheiben und drang der fröhliche Lärm und das Jauchzen der singenden Nachbarkinder in die Werkstatt, dann wurde die nie endende Arbeit für uns vollends zur Qual.

Wie gern hätten auch wir uns an dem fröhlichen Treiben da draußen beteiligt. Aber im Schrank war kein Brot, und der Hunger tut so weh.

Kinder sputet euch! Das war der mahnende Ruf des Vaters, der immer aufs neue zur Arbeit antrieb.«[28]

Schulbesuch

Der Beitrag aller Angehörigen zum Lebensunterhalt der Familie war so unverzichtbar, daß an Bestrebungen der Eltern, ihren Kindern eine davon unbeschwerte Zeit zu ermöglichen, noch gar nicht zu denken war. Unvermeidlich geriet die Erwerbstätigkeit mit den Schulpflichten der Kinder in Konflikt. Vom sechsten Lebensjahre an waren im Deutschen Reich alle Kinder gesetzlich verpflichtet, in die Volksschule zu gehen. Das war zugleich das Alter, in dem noch zur Jahrhundertmitte Fabrikarbeit aufgenommen werden konnte und von dem ab Proletarier auch später mit dem Dazuverdienst ihrer Kinder rechneten. Die staatliche Obrigkeit, die mit dem Schulunterricht aller Klassen und Schichten langfristig die Sicherung eines brauchbaren Lohnarbeiternachwuchses mit Elementarbildung und ebenso patriotisch und religiös gesinnte Untertanen erziehen wollte, leitete zahlreiche Reformen und Sanktionen ein, um den Schulbesuch zu erzwingen. Das ging über Jahrzehnte hin, immer unterwandert von den Unternehmern, die Kinderarbeitskraft kauften, und gegen den Widerstand proletarischer

28 Luise Zietz: Aus meinem Leben. Zit. in: Ursula Münchow: Arbeiter über ihr Leben, S. 105.

Eltern, die den staatlich verordneten Schulzwang für ihre Kinder als Beschneidung des Verdienstes und als ungerechtfertigten Eingriff in ihre elterlichen »Besitzrechte« ansahen. Darüber hinaus waren Proletarier zunächst von der Nützlichkeit allgemeiner Bildung ihrer Söhne und gar noch der Töchter wenig überzeugt. Unter anderem deshalb saßen zu Beginn des 19. Jahrhunderts in preußischen Volksschulen 60 000 bis 70 000 Mädchen weniger als Jungen, weil »auf ihre Beschulung von Eltern und Behörden ein geringeres Gewicht gelegt wurde als auf den Unterricht der Knaben«.[29]

Solche traditionelle Einstellung war nur allmählich abzubauen. Dazu gehörte, daß Bildung und Wissen als lebenswichtiger Wert, als Vorteil beim Verkauf der Arbeitskraft erfahren wurden. Solange die Familien, von der Not getrieben, das Arbeitsvermögen jedes ihrer Mitglieder extensiv einsetzen mußten, konnte es hier keinen Sinneswandel geben. So berichtete zum Beispiel Adelheid Popp, daß ihre Mutter eine erbitterte Feindin der »neumodischen Gesetze«, wie sie die Schulpflicht nannte, gewesen sei. Die Mutter war mit 6 Jahren in den Dienst gekommen, hatte niemals eine Schule besucht und konnte weder lesen noch schreiben. »Sie fand es ungerecht, daß andere Menschen den Eltern vorschrieben, was sie mit ihren Kindern zu tun hätten ... Drei Jahre Schule war nach Ansicht meiner Eltern genug, und wer bis zum zehnten Jahre nichts lernt, lernt später auch nichts, war eine von ihnen oft getane Äußerung.«[30] Ihre Tochter mußte tatsächlich die Volksschule nach der dritten Klasse verlassen, um in einer Werkstatt Geld zu verdienen. Die Eltern hatten das mit hartnäckigen Gesuchen an die Schulbehörde durchgesetzt, die damals (um 1880) schon erhebliche Schwierigkeiten machte, wenn ein Kind der gesetzlichen achtjährigen Schulpflicht entzogen werden sollte.

Ähnliches (und für ihre Zeit Allgemeingültiges) erzählte über ihren »Bildungsgang« die 1853 geborene und

29 J. Tews: Das Volksschulwesen. In: Das Buch vom Kinde. Bd. II/1, S. 80.

30 Adelheid Popp: Die Jugendgeschichte einer Arbeiterin, S. 4.

in proletarischen Verhältnissen aufgewachsene Marie Sansgêne: »Aus meiner eigentlichen Schulzeit sind mir nur wenige Erinnerungen geblieben. Freilich wurden die ca. sechs Jahre meiner Schulzeit, von meinem achten bis vierzehnten Lebensjahre, gar zu oft durch längeres Fehlen unterbrochen. Damals war der Schulzwang noch nicht so strenge wie heute, und meine Mutter meldete mich sehr oft auf längere Zeit zu häuslichen Arbeiten ab. Ging ich aber wirklich zur Schule, so war ich oft durch körperliche Arbeit schon so ermüdet, daß mir Einschlafen näher lag, als Aufpassen ... Rechne ich alle Zeit zusammen, die ich wirklich Schulunterricht genossen habe, so dürften höchstens drei Jahre herauskommen. Meine Kenntnisse in den Elementen sind daher leider sehr lückenhaft; doch lernte ich so ziemlich fertig lesen, schreiben und rechnen und konnte später, da ich gerne und viel las, meine Kenntnisse ... vermehren ...«[31]

Je nach Größe und Bevölkerungsdichte ihres Heimatortes besuchten die Volksschüler einklassige Schulen, in denen alle Jahrgänge und beide Geschlechter erfaßt waren, oder mehrstufige, in Großstädten achtklassige Schulen, in denen die Schüler nach Konfession und Geschlecht getrennt waren. (In Preußen hatten um 1900 etwa zwei Drittel der Schuljugend schon in »gemischten« Klassen, das heißt Mädchen und Jungen gemeinsam, Unterricht.)

So unterschiedlich wie die Organisationsform der Schulen war die Qualität des Unterrichts. Schulreformer, die aus der Volksschule eine Institution zur Vermittlung der »wertvollsten, allgemeinsten Kulturgüter« – unterschiedslos für die Kinder aller Bevölkerungsschichten – machen wollten, hatten wenig Erfolg. In ihrer »schroffsten Form« war die Volksschule selbst im Urteil zeitgenössischer bürgerlicher Kritiker eine »Armenschule« mit überfüllten Klassen, Prügelpädagogen und Drill, in denen über 90 Prozent der Heranwachsenden ihre einzige Bildung und Erziehung erhielten.[32]

31 Marie Sansgêne: Jugenderinnerungen eines armen Dienstmädchens, Berlin 1908, S. 31/32.

32 Siehe J. Tews: Das Volksschulwesen. In: Das Buch vom Kinde. Bd. II/1, S. 74.

Die Arbeiterbewegung hat auf den zwiespältigen Charakter der Volksschule als prägendem Lebensbereich junger Proletarier entsprechend differenziert reagiert. Prinzipiell wurde hingewiesen auf deren Funktion als »Hülfsmittel der kapitalistischen Produktion zum Zwecke einer elementaren technischen Abrichtung der Arbeitermassen« sowie als ideologisches Instrument der herrschenden Klasse, mit dem in der Arbeiterjugend »frühzeitig die Eigenschaften geistiger Demut und patriotischer Unterwürfigkeit gezüchtet werden« sollten.[33] Andererseits nahm in der sozialdemokratischen Arbeiterbewegung die Wertschätzung der Bildung für Arbeiter einen hohen Rang ein. Schulpolitische Forderungen zielten deshalb auf solche Korrekturen des Reichsschulgesetzes, die den Arbeiterkindern niveauvollen Unterricht und von materiellem Mangel unbeeinträchtigten Schulbesuch zu sichern hätten. Kernpunkte dieser Forderungen waren: Weltlichkeit und Einheitlichkeit der Bildungsinhalte, Gleichberechtigung der Geschlechter und deren gemeinsamer Unterricht, Unentgeltlichkeit des Unterrichts und der Lehrmittel, Versorgungseinrichtungen für Vorschulkinder und Schüler, Weiterbildung befähigter Kinder, obligatorischer Fortbildungsunterricht für alle Schulentlassenen bis zum 18. Lebensjahr.[34]

Die Pflichtfächer an allen deutschen Volksschulen waren Religion, deutsche Sprache, Geschichte, Geographie, Naturkunde, Schönschrift und Gesang. »Auch der Turnunterricht ist für Knaben immer, für Mädchen dagegen nur vereinzelt obligatorisch, der Handarbeitsunterricht für Knaben nur vereinzelt, für Mädchen dagegen fast durchweg eingeführt. Der Zeichenunterricht ist nur noch in einzelnen Staaten nicht obligatorisches Lehrfach. Vereinzelt hat der Haushaltungsunterricht in den oberen Klassen der Mädchenvolksschulen eine Pflegstätte gefunden.«[35] Beide Geschlechter genössen, so wurde in einer Analyse des Volksschulwesens hervorgehoben,

33 Protokoll über die Verhandlungen des Parteitages der SPD. Abgehalten in Mannheim 1906, Berlin 1906, S. 134.

34 Siehe ebenda, S. 135.

35 J. Tews: Das Volksschulwesen. In: Das Buch vom Kinde. Bd. II/1, S. 77.

»einen völlig gleichwertigen, wenn auch nicht durchaus gleichartigen Unterricht, und die in früheren Zeiten geringeren Ansprüche an den Schulbesuch der Mädchen haben einer gleichen Heranziehung beider Geschlechter in fast allen deutschen Staaten Platz gemacht.«[36]

Selbstzufrieden stellte ein bürgerlicher Beobachter des Berliner Proletarierlebens fest: »Wenn ein Mädchen der untersten Schichten ruhig den Bildungsgang vollenden kann, ohne zu früh zu Hause oder in Fabriken zur Arbeit angehalten zu werden, so kann es sich für seine Bedürfnisse ein vollkommen hinreichendes Maß von Bildung erwerben. Hier ist das Richtige getroffen: von Überanstrengung ist nicht die Rede, aber nichts wird vernachlässigt. Was den Mädchen gelehrt wird, wird gründlich vermittelt: Sie schreiben hübsch und richtig, lesen gut, rechnen sicher, werden in der Religion genügend unterrichtet und lernen Lieder und Gedichte mit Verständnis des Inhalts.«[37]

Diese gönnerhaften Worte werden durch andere Stimmen erheblich relativiert, die die Volksschulbildung hinsichtlich ihrer Brauchbarkeit für das künftige Erwerbsleben der Arbeitermädchen als unzulänglich kritisiert haben. Die folgende Analyse zeigt, daß die von der Arbeiterbewegung, von aufgeklärten Lehrern und real denkenden Ökonomen aus verschiedenen Motiven geforderte gleichwertige Bildung von Mädchen und Jungen noch keineswegs allgemeiner Grundsatz pädagogischen Handelns geworden war. »Für den Ausbildungsgang der meisten Mädchen (dies gilt für alle Klassen der Gesellschaft) ist bestenfalls Unterweisung in der Hauswirtschaft vorgesehen, an die Stelle der Handfertigkeit tritt für sie stets die sogenannte Handarbeit im engen Sinne von Nähen, Sticken, Häkeln usw. Diese nützlichen und unentbehrlichen Kenntnisse können aber dennoch die *Handfertigkeit*, wie sie die Knaben treiben, nicht ersetzen, weder als Mittel zur Schulung der geistigen Selbständigkeit, noch zur Verbesserung der körperli-

36 Ebenda, S. 80.

37 Otto von Leixner: Soziale Briefe aus Berlin, Berlin 1894, S. 105.

chen Entwicklung junger Mädchen, die durch die sogenannten ›weiblichen‹ Handarbeiten gehemmt wird, anstatt durch Handfertigkeit gefördert zu werden. Etwas gleichmäßigere Erziehung beider Geschlechter wäre wohl in diesem Punkte, entgegen alten Vorurteilen, von Nutzen. Den Knaben wäre es wohl fürs Leben ebenso dienlich, die Grundelemente der ›weiblichen‹ Fähigkeiten zu beherrschen, einen Knopf geschickt annähen, ein Loch flicken, einen Eierkuchen backen zu können, wie es den Mädchen notwendig ist, mit Hammer, Zange und Säge, Kleistertopf usw. hantieren zu können ... Zumeist aber begnügt man sich, die Mädchen zu häuslicher Arbeit, zum Fegen, Scheuern und zu Handarbeit anzuhalten.«[38]

Hinsichtlich der Lebensperspektive der Arbeitermädchen ging ihre Volksschulbildung am Wesentlichen vorbei. Weder hatten sie solcherart Hausarbeit gelernt, die sie auf ihre zukünftige Rolle als Hausfrau und Mutter einer großen Familie praktisch vorbereitet hätte. Eine Haushaltsschule zu besuchen bekamen nur wenige die Gelegenheit. Auch mit Kenntnissen und Fähigkeiten, die den notwendigen Einstieg ins Berufsleben und spätere gelegentliche Erwerbsttätigkeiten erleichterten, wurden sie nicht ausgestattet. Reguläre Berufsausbildung für Mädchen gab es nicht. Nur ein Bruchteil ehemaliger Volksschülerinnen hatte die Möglichkeit, ihre Grundkenntnisse zu erweitern. Um 1900 besuchten in Preußen von 661 000 erwerbstätigen Mädchen zwischen 14 und 18 Jahren lediglich 24 313 eine Fach- oder Fortbildungsschule. Die Schulgesetze waren in diesem Punkte für Deutschland uneinheitlich; in Preußen war Fortbildungsunterricht nicht obligatorisch.[39] So endete im Lebenslauf von Arbeitertöchtern die Schulzeit mit der Aufnahme voller Erwerbstätigkeit, spätestens im 14. Lebensjahr. Dies war gleichzeitig der Eintritt ins Erwachsenendasein. Ohne große Freiräume für die kindgerechte Entfaltung

38 Adele Schreiber: Kinderhorte. In: Das Buch vom Kinde. Bd. II/1, S. 149.

39 Siehe Margarete Henschke: Die Mädchen-Fortbildungsschule. Ebenda, S. 108.

der Persönlichkeit, kaum umsorgt und erzogen, waren die Kinder der Arbeiter damals herangewachsen. Das, was für ihr späteres Leben wichtig, für ihre Wertvorstellungen und Handlungsweisen prägend war, hatten sie im Familienalltag »mitbekommen«: immerwährende Arbeit, frühe Selbständigkeit, Einschränkung der Bedürfnisse und Gehorsam. Namentlich für die Mädchen waren diese Kindheitserfahrungen eine direkte Vorwegnahme der Anforderungen ihres späteren Arbeits- und Familienlebens.

Die jugendliche Arbeiterin

Eintritt ins Erwachsenenleben. Berufsperspektiven

Zwei Lebenserinnerungen von Arbeiterinnen illustrieren, wie das Arbeitsleben für viele begonnen haben mag. Ottilie Baader schilderte in ihrer Autobiographie »Ein steiniger Weg« ihren »Eintritt ins Leben« (um 1867) so: »Lange bin ich nicht in die Schule gegangen. Als ich dreizehn Jahre alt wurde, zog der Vater mit uns nach Berlin, und hier war es mit meinem Schulbesuch vorbei. Ich mußte arbeiten und mußte mitverdienen. Es brauchte kein großer Familienrat abgehalten zu werden, um den richtigen Beruf zu wählen, denn groß war die Auswahl für Mädchen damals nicht. In der Schule war ich immer gelobt worden, weil ich gut nähen und vor allem gute Knopflöcher machen konnte. Ich sollte also Wäsche nähen. Die Frau eines Sattlergesellen hatte in der Neanderstraße eine Nähstube für Oberhemden. Es wurde noch alles mit der Hand genäht. Nähmaschinen waren noch recht wenig im Gebrauch. Einen Monat lernte ich unentgeltlich, dann gab es monatlich drei Taler. Zwei Jahre später verdiente ich schon fünf Taler jeden Monat. Dabei aber blieb es dann auch einige Jahre. Um noch etwas nebenbei zu verdienen, nahm ich abends Manschetten zum Durchsteppen mit nach Hause.«[40]

Und so erinnerte sich Anna Mosegaard: »Und da sehe ich mich wieder als vierzehnjähriges verwaistes Kind auf dem Bahnhof stehen, ein Bündelchen in der Hand, das meine ganze Habe barg. Mit ganzen 20 Pf. Fahrgeld nach H., einem Gebetbuch und Gottes Segen schickte man mich hinaus ins Leben. Für 16 Taler Lohn im Jahre war ich von der Stadtbehörde meines Heimatortes an den Meistbietenden als Dienstmagd vermietet worden.«[41]

Hauptsächlich zwei »Berufsperspektiven« standen Töchtern aus Arbeiterfamilien offen: entweder als Dienstmädchen »in Stellung« zu gehen oder Lohnarbeiterin zu werden.

Um 1880 traten etwa 13 Prozent der am Anfang des Berufslebens stehenden Mädchen in industrielle Berufe ein, während mehr als 80 Prozent hauswirtschaftsbezogene Arbeitsplätze als Dienstmädchen, Landarbeiterinnen oder »Mithelfende« in Familienbetrieben innehatten.[42]

Welchen Weg die Mädchen einschlugen, hing sehr davon ab, aus welcher Schicht des Proletariats sie stammten und welche Arbeitsmöglichkeiten es in ihrem Heimatorte gab. Junge Mädchen vom Lande kamen häufig als Hausgehilfinnen in städtische Familien und blieben dort bis zu ihrer Heirat. Nur einzelne von ihnen wechselten zur Fabrikarbeit über, und auch erst dann, wenn sie die städtischen Verhältnisse genauer kannten. In den Großstädten und industriellen Ballungsgebieten wuchsen in den Proletarierfamilien Arbeiterinnen der zweiten Generation heran, die, mit Rückhalt in der Elternfamilie, nicht auf hausrechtlich gebundene, quasi-familiäre Arbeitsverhältnisse mit Kost und Logis angewiesen waren. Diese Arbeitertöchter gingen vorwiegend in die Fabriken oder in gewerbliche Tätigkeiten. So zeigt

40 Ottilie Baader: Ein steiniger Weg, Stuttgart/Berlin 1921, S. 10.

41 Zit. in: Arbeiterinnen kämpfen um ihr Recht, S. 97.

42 Siehe Walter Müller/Angelika Willms/Johann Handl: Strukturwandel der Frauenarbeit 1880–1980, Frankfurt (Main)/New York 1983, S. 48.

eine Tabelle aus der Berufszählung von 1907, »daß in den Städten 40 Prozent der auf dem Land geborenen Mädchen, aber nur 20 Prozent der gebürtigen Städterinnen in häuslichen Diensten standen. Die gebürtigen Städterinnen waren dagegen wesentlich häufiger als die Mädchen vom Lande in der Industrie, und etwas häufiger im Handel tätig.«[43]

Entsprechende Gepflogenheiten aus Berlin, wo zur Jahrhundertwende die für Deutschland absolut größte Zahl von Dienstpersonal konzentriert war, verdeutlichen dies: »Aus dem statistischen Jahrbuch der Stadt Berlin ergibt sich, daß 1895 nur 9010 geborene Berlinerinnen, aber nicht weniger als 49 849 außerhalb Geborene in persönlicher Dienstleistung beschäftigt waren ... Die Berlinerin dient nicht. Die meisten Dienstmädchen sind Ortsfremde. Sie kommen von außerhalb der Stadt. Was für Berlin, gilt auch für andere Großstädte.«[44]

»In Stellung« zu gehen wurde von städtischen Arbeitertöchtern als soziale Deklassierung, als Abstieg angesehen. Sie mußten sich »schon in ganz besonders schwierigen und ungenügenden Verhältnissen befinden«[45], ehe sie sich dazu entschlossen. Umgekehrt sahen Dienstmädchen, hier den moralisierenden Blickwinkel ihrer Herrschaft einnehmend, die Lebensführung der Arbeiterinnen als bedauernswert, wenn nicht gar verachtenswert an und hielten sich für etwas Besseres. Diese Ausschließlichkeit in der Bewertung deutet an, welche Gegensätze tatsächlich beide Existenzweisen bargen. Vom sozialökonomischen Status unterschieden sich persönliche Dienste und Lohnarbeitsverhältnisse grundsätzlich. Die konkreten Tätigkeiten setzten unvergleichbare physische, psychische und intellektuelle Anforderungen. Sie förderten jeweils andere Fähigkeiten, Bedürfnisse und Anschauungen. Den kulturellen Merkmalen in der Entwicklung junger Mädchen beider »Berufslaufbahnen« nachzugehen ist deshalb von Interesse, weil die Ju-

43 Ebenda, S. 50.

44 Oscar Stillich: Die Lage der weiblichen Dienstboten in Berlin, Berlin/Bern 1902, S. 98.

45 Ebenda, S. 101.

gend sowohl der einen wie der anderen fast immer in derselben Perspektive mündete – Hausfrau und Mutter einer Arbeiterfamilie zu werden.

Der Dienstmädchenberuf

Die umfassende Berufszählung von 1895 hatte gezeigt, daß nahezu der fünfte Teil aller erwerbstätigen Frauen Deutschlands Dienstboten waren. Das betraf 1 313 957 Frauen. Davon waren nur 0,86 Prozent verheiratet und 2,99 Prozent verwitwet. Die überwiegende Mehrheit bildeten junge Mädchen in der Altersgruppe ab 18 Jahren – insgesamt 932 586 Bedienstete. Nicht weniger als 32 653 von ihnen waren unter 14 Jahre alt und noch schulpflichtig bereits in Dienst getreten.[46] Das Gros der städtischen Dienstmädchen entstammte den Familien kleinstädtischer und ländlicher Handwerker, ländlicher Arbeiter, verarmter Landwirte, Kleingewerbetreibender und niederer Beamter.

In den Zeiten der Schulentlassung wurde seitens der »oberen« den Mädchen der »unteren Bevölkerungsschichten« die Dienstmädchenlaufbahn als eine dem weiblichen Empfinden, der Sittlichkeit und dem zukünftigen Hausfrauenberuf besonders entgegenkommende Arbeit angepriesen. Eifrige Werbung war um so dringender, als mit dem wachsenden Angebot industrieller Lohnarbeiten auch für Frauen Dienstsuchende auf dem Arbeitsmarkt rar wurden.

»Vergegenwärtigen wir uns nun die einzelnen häuslichen Berufe, die der Volksschülerin offenstehen, die Anforderungen und Kenntnisse, die sie verlangen, die Art der Bezahlung, die Aussichten auf Vorwärtskommen. Für die eben aus der Schule entlassenen Mädchen ohne weitere Ausbildung kommen die Stellungen der *Mädchen für alles*, der *Kinder-* und *Küchenmädchen* in Betracht. Zu ihren Pflichten gehört die grobe Hausarbeit, das Scheuern, Putzen, Waschen, Reinmachen, Aufräumen, ferner das Kinderhüten, Kinderwagenfahren und die gröbere Küchenarbeit. Ihr Lohn beträgt ungefähr

46 Siehe ebenda, S. 94–96.

60–100 Mk. jährlich, das sind 5–8 Mk. monatlich, natürlich bei freier Verpflegung. Langsam und mühsam rükken sie in die etwas besseren Stellungen auf, werden je nach ihren Neigungen und Fähigkeiten *Köchinnen, Haus-* oder *Stubenmädchen* ...«[47]

Zeitungsannoncen, in denen Hausangestellte gesucht wurden, weisen eine differenziertere Skala geforderter Dienstleistungen und passender Berufsbezeichnungen aus, so zum Beispiel Kinderfräulein, Kindergärtnerin, Kinderpflegerin, Nurse, Gesellschafterin, Hausdame, Haushälterin, Wirtschafterin, Köchin, Küchenmädchen, Stubenmädchen, Hausmädchen, Mamsell, Stütze, Jungfer, Mädchen für Alles, Alleinmädchen. Aufschluß über weitere Erwartungen der »Herrschaften« gaben die ergänzenden Attribute: Katholisch oder evangelisch, jünger oder älter, besser oder einfach, gebildet, anständig und ehrlich sollten die Mädchen sein.[48]

Je allgemeiner die Forderungen im Inserat, desto unbestimmter und grenzenloser gestaltete sich das zu erwartende Arbeitspensum. Noch um die Jahrhundertwende gehörte es zu den unverzichtbaren Statussymbolen auch unbemittelter bürgerlicher Familien, »Personal« zu haben. Diejenigen, die sich im Grunde keines leisten konnten, waren in der Überzahl. Dennoch mieteten sie, um den Schein zu wahren, ein Mädchen. Diese »Alleinmädchen« wurden besonders ausgenutzt. In ihrem Artikel »Zur Dienstbotenbewegung« kennzeichnete Clara Zetkin deren Lage: »Am traurigsten ist meist das Geschick des ›Mädchens für alles‹ in der mittelbürgerlichen Familie, wo mehr Titel als Mittel vorhanden sind und wo alles dem Götzen der ›standesgemäßen Existenz‹ geopfert wird. Der relative Notstand des Hauses läßt hier für das Mädchen die höchste Ausnutzung der Arbeitskraft mit der größten Knauserei betreffs ihres Lohnes und ihres Unterhalts Hand in Hand gehen.«[49]

47 Josephine Levy-Rathenau: Übersicht über die einzelnen Frauenberufe, ihre Erfordernisse und Aussichten. In: Das Buch vom Kinde. Bd. II/2, S. 190.

48 Siehe: Daheim, 1914, H. 39.

49 Clara Zetkin: Zur Dienstbotenbewegung. In: Ausgewählte Reden und Schriften. Bd. I, Berlin 1957, S. 171/172.

Gesucht für Hannover z. 1. Aug. einf., nicht z. junge **Stütze** f. bess. Haushalt. Dieselbe muß im Haushalt, Kochen u. Nähen gründlich erfahren sein. Familienanschluß. Dienstmagd vorhanden. Off. mit Gehaltsanspr., sowie Zeugnisabschr. unt. **L. 1222** bef. **Haasenstein & Vogler, Hannover.** 97605

Einfache Stütze

gesucht neben der Frau, in evangel. Landhaus am Schwarzwald. Offert. m. Bild an Frau **Dr. Miltenberger,** [97606 **Ettlingenweier b. Karlsruhe,** Baden, erbeten.

Gesucht **Stütze** für Hotel- u. Restaurant-Buffet in Luftkurort im Erzgebirge. Selbige muß vollkommen Vertrauensperson sein u. aus guter Familie stammen. Gehaltsanspr. erbeten. Antritt baldigst. Offerten unter **H. C. 57, Dresden,** Postamt 16. [27084

Ges. z. 1. Aug. f. kl. herrsch. Haushalt in d. Nähe d. Stadt erf. **Stütze,** die mit ein. Mädchen alle Arb. verrichtet. [27155
Amtsgerichtsrat **Dieken,**
Wilhelminenholz b. Aurich (Ostfr.).

Jung. Mädchen, kinderlieb, das gut schneidert, zur **Stütze der Hausfrau** z. 1. 8. ges. Gehaltsanspr., Phot., Zeugn. erb. Frau Prof. **Giese, Charlottenburg,** Dahlmannstr. 23.

Einf., bescheid., jung. Mädchen wird als
lernende Stütze
bei Familienanschl. u. Taschengeld gesucht. Schneidern erwünscht. [27225
Malitzkys Privat-Hotel, Jüterbog b/Berlin.

Stütze, für häusliche Arbeiten gesucht. Fam.-Anschl. Oberlehrer **Haise, Friedrichshagen b. Berlin,** Westend 4. 27222

Stütze gesucht z. 1. 7. 1914, kinderlieb, im Kochen u. Schneidern erfahren. Dienstm. vorhanden. Frau **Dr. Gebauer,**
27210] **Meseritz, Bez. Posen.**

Suche zum 1. Juli **Stütze,** die kochen kann. Frau **von Drathen,**
27099] **Berlin,** Hohenzollerndamm 6.

Stütze, d. etw. schneid. kann, ges. Off. m. Gehaltsf. an **Forsthof Zachun i/Meckl.** [27085

Suche für sofort tüchtige Stütze,

welche in allen vorkommenden Hausarbeiten erfahren ist u. die Schularbeiten der Kinder beaufsichtigen könnte. Nähen erwünscht. Köchin und Bursche vorhanden. Familienanschluß, guter Lohn. Zeugnis, Bild und Gehaltsanspr. an Frau **Rudolf Kollmar, Pforzheim,** Schwarzwaldstr. 20. [27237

Suche zum 1. Aug. **tüchtige, einfache Stütze,** die kochen kann u. etwas Hausarb. übernimmt. Genügend Dienstpersonal vorh. Zeugnisse u. Gehaltsanspr. an [27235
Frau Oberst **Tollenbach, Offenburg/Baden.**

Zu meiner Unterstützung im Haushalt suche ich für 1. Aug. ein gebildetes, gesundes,

junges Mädchen, 27243

das gut kochen, nähen u. plätten kann. Hausmädchen u. Kindermädchen vorhanden. Haushalt 3 Erwachsene, 2 Kinder, 6 u. 2 Jahre. Geh. 20–25 Mk. mon. Frau **Erich Zerling, Liebertwolkwitz-Leipzig,** Haus Niederholz.

In solchen Stellen traten zunächst ganz junge Mädchen, in jeder Hinsicht unbedarft und anspruchslos, ihren ersten Dienst in der Stadt an. Erst nach längerem Aufenthalt in der Stadt und nach Arbeit in verschiedenen Haushalten verfügten sie über einige hauswirtschaftliche Fertigkeiten und kannten auch ihre bescheidenen »Rechte«.

Das Dienstverhältnis

Die bis 1918 geltende Preußische Gesindeordnung schränkte die formal allen Mitgliedern der bürgerlichen Gesellschaft zustehenden Rechte für die Dienstboten ausdrücklich ein. Sie lebten unter der direkten Botmäßigkeit des Dienstherrn. Er hatte das Aufsichtsrecht und die Disziplinargewalt über die von ihm »gemieteten« Personen. Dienstboten waren gesetzlich zu Pflichterfüllung, Gehorsam, Ehrerbietung und Treue verpflichtet.

Sie mußten ein Dienstbuch führen, an Hand dessen sich die Herrschaft Einblick in ihre Vergangenheit, über ihr Verhalten in früheren Diensten verschaffte. Laut Paragraph 77 der Gesindeordnung war ein Züchtigungsrecht der Arbeitgeber festgeschrieben: »Reizt das Gesinde die Herrschaft durch ungebührliches Betragen zum Zorn und wird in selbigem von ihr mit Scheltworten oder geringen Thätlichkeiten behandelt, so kann es dafür keine gerichtliche Genugthuung fordern.«[50]

Wieweit Entmündigung, Willkür und Gewalt ergeben hingenommen wurden, ist eine andere Frage. Der allgemeinen Einschätzung, die der Nationalökonom Oscar Stillich aus der von ihm untersuchten Lage der Berliner Dienstmädchen ableitet, sind jedoch realistische Momente der kulturellen Grundsituation der Dienstboten zu entnehmen. Er verglich sie mit den Vorzügen der Lohnarbeiterexistenz: »Das persönliche Leben eines Dienstboten unterliegt, wie das keines anderen Arbeiters, wegen der Aufnahme in die häusliche Gemeinschaft der Herrschaft einer Summe von Beschränkungen. Infolgedessen erscheint alles das, was andere Arbeiterkategorien längst als ein Attribut ihrer Freiheit und Unabhängigkeit zu betrachten gewohnt sind, bei den Dienenden nicht in der Form eines ihnen zustehenden persönlichen Rechts, sondern in der Form der Vergünstigung. Der Anteilnahme des Arbeiters an den Freuden und Errungenschaften der modernen Cultur sind ohnehin im allgemeinen durch die Bemessung der Löhne und Arbeitszeiten gewisse Grenzen gezogen. Bei dem Dienenden aber, der nicht nur seine Arbeitskraft, sondern damit auch seine persönliche Freiheit verkauft hat, bedarf es noch einer speziellen Erlaubnis der Herrschaft, um an der geistigen und materiellen Cultur und den Wechselbeziehungen der Menschen untereinander teilnehmen zu dürfen. Und dieses Streben wird von vielen Herrschaften zu unterdrücken versucht oder argwöhnisch bevormundet.«[51] Diesen sachlichen Überlegungen Stillichs sei noch das vernichtende Urteil der amerikanischen Wissenschaftle-

50 Zit. in: Oscar Stillich: Die Lage der weiblichen Dienstboten in Berlin, S. 238.

51 Ebenda, S. 218.

rin Flora McDonald Thompson aus dem Jahre 1900 hinzugefügt: »Hausarbeit wird nach der Sweat-Shop-Skala bezahlt; ihre ökonomische Organisation ist barbarisch und ihre Beschaffenheit vom allgemeinen industriellen Fortschritt der Welt fast unberührt geblieben; dadurch ist der Zustand des Dienstboten von dem eines Sklaven kaum unterscheidbar.«[52]

Arbeitsalltag und Lebensbedingungen

Nach Sitte und Gesetz hatte das Mädchen jederzeit zur Verfügung der Herrschaft zu stehen, bei Tag und Nacht. Sonntagsruhe war nicht garantiert. Ein Gewohnheitsrecht, das zumindest aus Berlin überliefert ist, ermöglichte aller zwei Wochen an einem Sonntagnachmittag Ausgang. Nicht selten fiel auch der weg, denn die Belange der Herrschaft gingen stets vor. Stillich schrieb zur Arbeitszeit: »Es würde absolut nutzlos sein, vorläufig einen Maximalarbeitstag oder ein Verbot der häuslichen Nachtarbeit zu fordern. Ein Normalarbeitstag für Dienstboten ist daher auch in Deutschland, von der Sozialdemokratie abgesehen, noch von niemand gefordert worden. Die radikalste Forderung bürgerlicher Frauen ist das ›Wochenminimum‹.«[53]

Die »Deutsche Hausfrauenzeitung« veröffentlichte zur Jahrhundertwende den folgenden »Rahmen-Arbeitsplan« für Dienstmädchen, nach dem sie sich selbständig richten sollten. Er zeigt nicht nur die unmäßigen Vorstellungen der Herrschaften darüber, was eine Hausangestellte zu schaffen habe, sondern veranschaulicht außerdem detailliert, mit wieviel Aufwand Hausarbeit in bürgerlichen Haushalten betrieben wurde. Bemerkenswert ist auch die Länge des vorgezeichneten Arbeitstages – von 6 bis 21.30 Uhr, ohne eingeplante Pausen.

»Tägliche Arbeiten.

1/2 6 Uhr aufstehen, waschen, die Haare ordnen, anziehen, Feuer im Herde machen. Mädchenkammer aufräumen. Eßzimmer reinigen, Kaffeetisch decken. Früh-

52 Zit. in: Ebenda, S. 153.
53 Ebenda, S. 145.

stück besorgen. Sachen der Herrschaft reinigen. Von 1/2 8 Uhr an Kaffee bereit halten. – Reinigung der übrigen Räume vornehmen. Vorbereitung zum Mittagessen. 1/2 12 Uhr Abwasch. Kaffee 4 Uhr. Abendbrot 7 1/2 Uhr. Abwasch. Schlafzimmer zurecht machen.«[54] Ergänzend zu diesem Tagesplan wird eine Wochentabelle allein für Reinigungsarbeiten vorgeschlagen, deren Posten in den Tagesrahmen einzubauen wären. An Unvorhergesehenes müsse außerdem gedacht werden. »Besondere Arbeiten der verschiedenen Wochentage.

Montag. Alle 14 Tage Fenster putzen. Alle 4 Wochen Silber putzen.
Alle 6 Wochen gründliche Reinigung der Mädchenkammer.

Dienstag. Besondere Reinigung der Lampen. Am 1. des Monats ev. kleine Hauswäsche.

Mittwoch. Corridore, die Teppiche alle 14 Tage aufnehmen, 4wöchentlich klopfen, Badezimmer reinigen.

Donnerstag. Salon bürsten. 4wöchentlich Polster klopfen.

Freitag. Wohnzimmer bürsten. Klopfen jeden Monat. Das Blanke in der Küche putzen.

Sonnabend. Schlafzimmer bürsten, Staub von den Schränken, Betten wöchentlich klopfen, alle drei Wochen frisch beziehen. In der Küche und Speisekammer scheuern.«[55]

Offensichtlich bezog sich dieser »Ideal-Plan« nur auf modern ausgestattete städtische Haushalte mit Wasserleitung, Zentralheizung, elektrischem Licht und Gas, denn Wassertragen, Heizen, Lampenanzünden und Herdfeuerhüten, schwere und immer wiederkehrende Verrichtungen, die zum Arbeitspensum der meisten Hausangestellten gehörten, wurden hier gar nicht erwähnt.

Der durchschnittliche Jahresverdienst Berliner Dienstmädchen um 1900 betrug 667 Mark. Versierte Köchinnen und Hausmädchen bekamen mehr, weit unter dem Durchschnitt blieben die »Mädchen für Alles«. Die Jahressumme setzte sich aus den Aufwendungen für Kost

54 Zit. in: Ebenda, S. 151.
55 Zit. in: Ebenda, S. 152.

(365 M), Logis (72 M) und ein Weihnachtsgeschenk (30 M) zusammen. Lediglich 200 Mark wurden in Bargeld ausgezahlt, ein Betrag, der keineswegs über Jahre zu großen Guthaben führte, obwohl viele Mädchen für eine Aussteuer sparten und die »Volksmeinung« herrschte, Dienstmädchen hätten beträchtliche Spargroschen. Weit öfter wurde das Geld als Unterstützung von Familienangehörigen oder als Pflegegeld für ein uneheliches Kind aufgebraucht. Für die Kleidung mußte es auch noch reichen. Und selbstverständlich wollten sich junge Mädchen, besonders in der Großstadt, modisch anziehen und beim Sonntagsausgang, beim Tanz, schick aussehen.

Viele »Herrschaften« gestanden dem Personal nur minderwertige Nahrung und ungenügende Schlafplätze zu. Ihre Knauserigkeit gab so manches Mal Anlaß für Auseinandersetzungen und Kündigungen. Anders als ländliches Gesinde, das weit primitivere Lebensbedingungen hatte, meldeten städtische Dienstboten angesichts des bürgerlichen Lebensstandards eher höhere Ansprüche an. Insbesondere hinsichtlich der Unterkünfte war ihre Unzufriedenheit nur allzu begründet.

In wenigen Ausnahmefällen hatten sie ein eigenes Zimmer. Die meisten schliefen im Korridor, in der Küche, in Kammern (»Mädchenkammern«), im Bad, im Keller, auf Hängeböden oder in Dachnischen. Einen empfindlicheren Mangel noch, als ihn die ungesunde und unbequeme Beschaffenheit dieser Nachtlager ausmachte, stellte die Tatsache dar, daß die Mädchen nirgends einen Raum hatten, in dem sie wirklich »wohnen«, allein sein oder eigenen Besuch empfangen konnten. Dennoch lebten und arbeiteten die Mädchen (bis auf die seltenen Ausgänge) einsam, isoliert, kontaktarm bei der Arbeit, bei den Mahlzeiten und in den kurzen Erholungspausen. So berichtete Stillich: »Das Mädchen speist allein in der Küche. Sie nimmt ihre Mahlzeiten stumm ein. Für sie existiert kein gedeckter Tisch, mitunter nicht einmal ein Stuhl zum Sitzen. In der Enquete haben nur zwei Herrschaften besonders hervorgehoben, daß sie mit ihren Mädchen zusammen essen.«[56]

56 Ebenda, S. 175.

Ebenso wurde an der Nahrung der Dienstmädchen gespart. Sie bekamen Reste, verdünnte Suppe, Brot und Aufstrich knapp zugeteilt. Der Speiseschrank wurde mißtrauisch vor ihnen verriegelt. Kochbücher der »besseren bürgerlichen Küche« führten gesonderte Rubriken mit billigen »Speisen für den Dienstbotentisch«. Lebensmittelgeschäfte priesen extra preiswerten »Dienstbotenkaffee« an – einen minderwertigen Schund aus Bruch und Abfällen.

Zur Jahrhundertwende gab es Tendenzen, die Naturallöhne der Dienstmädchen allmählich abzubauen. Sie erhielten etwas Kostgeld, um Frühstück und Abendbrot individuell zu bestreiten, waren jedoch weiterhin zu ständiger Anwesenheit im Hause der Herrschaft verpflichtet. Eine eigene Unterkunft zu mieten kam nicht in Frage.

Das Verhältnis zur »Herrschaft«

Der Zwang, total im fremden Lebenszusammenhang aufzugehen, Bevormundung aller Lebensäußerungen und die psychischen Belastungen der persönlichen Unterwerfung prägten die Mädchen auf besondere Weise: Sie lernten es, sich diesem Leben anzupassen, aber sie bildeten auch Fähigkeiten heraus, aktiv darauf zu reagieren.

Neben den gesetzlich fixierten Zumutungen – Dienstbuch und Züchtigung – hatten sie im Alltag mit zahlreichen offenen und unterschwelligen Diskriminierungen fertig zu werden. »Dienstbotenaufgang« oder »Dienstboten haben keinen Zutritt« lasen sie beim Gang durch die Straßen. Im Hause mancher Herrschaft belegte man sie mit Schimpfnamen – Dienstbolzen, Küchendragoner, »Minna«, auch wenn sie ganz anders hießen, oder polnisches Luder, Frauenzimmer, Saumensch, Schlafmütze, freches Biest, dummes Kamel usw. Moralisch waren sie den Herrschaften immer verdächtig. Man bezichtigte sie des Naschens, des Diebstahls, der Schlamperei, mitunter der Verführung des Hausherrn oder des Sohnes. Jede persönliche Lebensäußerung war ihnen untersagt. Sie durften keine eigene Zeitung halten, und es kam vor, daß ihnen Frisur und Kleidung vorgeschrieben wurden.

Tiefsitzende Verachtung für ihre Dienstboten, arrogante Distanzierung und despotische Willkür kennzeichneten nur die formale Seite des »Herr-Knecht-Verhältnisses« in bürgerlichen Haushalten. Denn die Hauswirtschaft und der Ablauf des Familienalltags waren grundsätzlich von der Anwesenheit und den Leistungen des Dienstpersonals abhängig, nicht allein wegen der oben skizzierten aufwendigen Verrichtungen, die mehrerer Arbeitskräfte bedurften. Den bürgerlichen Hausfrauen, zumal den reichen, die als »höhere Töchter« von Hausarbeit ferngehalten worden waren, fehlte mitunter jede wirtschaftliche Kenntnis. Ihre Dienstmädchen, die schon in verschiedenen Haushalten Erfahrungen gesammelt und Kochen, Waschen, Bügeln gelernt hatten, waren ihnen weit überlegen. Und sie spielten diese Überlegenheit zu ihrem Vorteile aus. Autobiographische Äußerungen zeigen einmal, daß sich lediglich naive junge Mädchen in ihren ersten Dienstverhältnissen von den Schikanen niederdrücken ließen, und zum anderen, daß es Köchinnen und Haushälterinnen gab, die sich unentbehrlich gemacht hatten und in Vertrauensstellungen aufgerückt waren, in denen sie die Bedingungen diktierten. Normalerweise verfügten selbstsichere, im Umgang mit Herrschaften erfahrene Dienstmädchen über eine ganze Skala von Widerstandsformen – von der Klage bei der Behörde oder beim Hausherrn über streikähnliche Arbeitsverweigerung, Vorschützen von Krankheit, »Dienst nach Vorschrift« bis zum »Verlieren« eines Dienstbuches mit unangenehmen Eintragungen. In ihren »Jugenderinnerungen eines armen Dienstmädchens« schilderte Marie Sansgêne, wie sie sich wegen der Kost bei der Polizei beschwert hatte. »Mein ganzes Essen war auf den ganzen Tag gerechnet höchstens 30 Pfennig wert und dazu noch sehr schlecht. Ich ersuchte sie (die Herrin) wiederholt um besseres, als das aber nichts half, ging ich eines Tages mit meinem ganzen Essen vom Tage vorher, das ich nicht angerührt, sondern mir aufgehoben hatte, auf die Polizei und zeigte es dem Inspektor vor. Dieser schickte sogleich einen Polizisten zu meinem

Fräulein, der sagte ihr: ›Das Essen für ein Mädchen auf einen Tag muß 75 Pfennig an Wert betragen, morgens 10 Pfennig, zweites Frühstück 10 Pfennig, Mittag 30, Vesperbrot 10, abends 15. Also richten sie sich danach!‹ Als der Polizist fort war, kommt sie wie eine geheizte Maschine in die Küche gesaust, schreit mich an: ›Sie dumme eingebildete Pute, Sie gehen mich auf der Polizei beklatschen! Denken Sie, das wird Ihnen etwas helfen?‹ – ›Na, ich will doch stark hoffen!‹ bemerkte ich.«[57]

Ein anderes Mal legte Marie Sansgêne mitten in der großen Wäsche, die gemietete Waschfrau anstiftend, die Arbeit nieder. Beide »machten krank«, um besseres Essen bei dieser anstrengenden Arbeit zu erzwingen – mit Erfolg. Zuweilen gab die »Gnädige«, um ihre Autorität herauszukehren, unsinnige Anweisungen, wie dies zu plätten oder jenes zu kochen sei. »Ich beherrschte meinen oft aufsteigenden Zorn und mein heißes Blut, tat ruhig auch das Verkehrteste, wenn sie es verlangte, und hielt meine Zunge, was mir oft schwer genug wurde, möglichst im Zaume. Sie hatte ja doch meist den Schaden von ihren törichten Befehlen.«[58]

Wenn sich die Konflikte häuften, kam es zur Kündigung: »Nein, bei dieser hoffärtigen Frau bleibe ich keine Stunde länger, als bis meine Zeit vorrüber ist. Vor der Zeit verlasse ich nur gezwungen einen Dienst.«[59] (Ein Kontrakt ging immer über ein Jahr.)

Tüchtige Dienstmädchen konnten sich ihre Herrschaft aussuchen, mußten nicht jede Stelle annehmen. Zu oft zu wechseln war jedoch nicht »schicklich«, denn sie hatten auch den Stolz, »auszuhalten«, etwas zu leisten, sich zu qualifizieren. In Zeiten vor der Industrialisierung war es üblich und notwendig gewesen, bis zum Alter im Hause eines Dienstherrn zu bleiben, kein eigenes Leben anzustreben und zu führen. Im Verlaufe des 19. Jahrhunderts geschah es immer seltener, daß Dienstbote ein Lebensberuf blieb. Die meisten der in häuslichem Dienst stehenden jungen Frauen verließen diesen spätestens

57 Marie Sansgêne: Jugenderinnerungen eines armen Dienstmädchens, S. 156.

58 Ebenda, S. 120.

59 Ebenda, S. 126.

im Alter um 30 Jahre und heirateten. Mit der Perspektive, im Dienst die beste »Schule« für ihren eigenen Haushalt zu finden und bis dahin materiell gesichert und »sittlich« geschützt zu sein, waren sie häufig für diesen Beruf gewonnen worden. Dieser vordergründigen und eigennützigen Werbeargumentation der »Herrschaften« wurde entschieden widersprochen: »Was nützt es der proletarischen Frau, wenn sie vorzüglich, wie die perfekte Köchin einer geheimen Commercienrätin kocht, sobald das Feuer des Herdes erloschen bleibt, weil es an Kohlen mangelt, sobald es nichts in Töpfen und Tiegeln zu brodeln gibt, weil kein Geld im Hause ist und der Credit beim Krämer und Fleischer ein Ende hat? Wie wenig kommt dem Haushalte, kommt dem Mann und den Kindern von der Gewohnheit einer musterhaften Wirtschaftsführung zugute, wenn die Frau von früh bis abends elf Stunden lang und öfter noch länger in Fabrik und Werkstatt thätig ist, abgerackert an Körper und Geist in den Familienkreis zurückkehrt, wo ihrer nun Arbeiten über Arbeiten warten.«[60]

Bei dieser notwendigen Polemik ist jedoch nicht zu übersehen, welchen Einfluß die verschiedenen Jugenderfahrungen und beruflichen Fähigkeiten der Dienstmädchen einerseits oder der Arbeiterinnen andererseits später auf den proletarischen Familienalltag genommen haben. Ehemalige Dienstmädchen trugen Leitbilder der bürgerlichen Lebensweise, das Bedürfnis nach einem bestimmten Niveau der zivilisatorischen Ausstattung und des Konsums ins Proletariat. Dies erschöpfte sich nicht in ihrer »Kochkunst«, in eifrigerem Reinlichkeitsstreben und in dem Geschick, eine »gute Stube« einzurichten – was zweifellos die Vervollkommnung der Eß- und Wohnkultur bei Arbeitern gefördert hat. Von größerem Belang war das Leitbild »ordentlichen Familienlebens«, das sie angesichts bürgerlicher Verhältnisse verinnerlicht hatten. Es schloß ein, daß die Ehefrau nicht erwerbstätig war und sich ausschließlich dem Haushalt und den Kindern widmete. Andere Qualitäten des Fami-

60 Oscar Stillich: Die Lage der weiblichen Dienstboten in Berlin, S. 398. (Stillich folgte hier einer Argumentation aus der Zeitschrift »Die Gleichheit«.)

liendaseins folgten daraus: die optimale Erhaltung, vielleicht sogar Steigerung der Arbeitskraft des Mannes, eine glücklichere Kindheit und Ausbildung für die Nachkommen und »trautes Beisammensein« aller Familienmitglieder in der freien Zeit. Notwendige Voraussetzung dafür war, daß der Mann und Vater soviel verdiente, daß er die Seinen allein ernähren konnte.

Diese familiäre Arbeitsteilung, eine solche Lebensqualität wurde von jungen Frauen, die in bürgerlichen Haushalten gelebt hatten, nachhaltiger angestrebt als zum Beispiel von Fabrikarbeiterinnen. (Verstärkend wird bei diesem Verhalten auch die unterschiedliche soziale Herkunft der Mädchen beider Berufsgruppen gewirkt haben.)

Heiraten war für die Mehrzahl der Dienstmädchen die einzige Möglichkeit, sich endgültig aus dem Dienstverhältnis zu lösen und weiterhin sozial gesichert zu sein. Mehr als andere weibliche Jugendliche waren sie entgegen allen Versicherungen von »sittlicher und leiblicher Geborgenheit« im bürgerlichen Sinne »moralisch gefährdet« und in ihrer Existenz verunsichert. Von Dienstmädchen stammte zum Beispiel der höchste Prozentsatz der unehelichen Kinder. Fristlose Entlassung, Trennung vom Kind, Ächtung und längere Erwerbslosigkeit waren die belastenden sozialen Folgen ihrer unehelichen Mutterschaft. Mitunter war die Prostitution der einzige Weg, weiter zu existieren. Eine Berliner Statistik von 1873 weist auch hier einen erheblichen Anteil von Dienstmädchen aus.[61]

Anfänge der Dienstbotenbewegung

Gerieten Dienstboten in individuelle Not, so funktionierte der »patriarchalische« Schutz, die »familiäre Bindung«, die ihrem Arbeitsverhältnis zugrunde liegen sollten, nicht. Der Dienstkontrakt entpuppte sich als skrupelloses Ausbeutungsverhältnis, dem die einzelnen wehrlos ausgeliefert waren. Anders als Lohnarbeiter bildete das »dienende Proletariat« keine einheitliche oder gar orga-

61 Siehe ebenda, S. 249.

nisierte Schicht. Isoliert arbeitend und lebend, konnten Dienstboten kaum ein Zusammenhaltsgefühl entwikkeln. Gesetzlich war ihnen die Koalition sogar verboten.

Es bestanden christlich ausgerichtete »Dienstbotenvereine«. Ihr Anliegen war es nicht, die persönlichen Rechte der Dienenden zu stärken. Sie beklagten die Zerstörung der (vermeintlichen) Harmonie im Verhältnis von Gesinde und Herrschaft und hatten das Ziel, sie wiederherzustellen.

Erste unabhängige Dienstbotenversammlungen und -vereinigungen fanden um die Jahrhundertwende in Berlin statt. Eine Solidarisierung der Arbeiterklasse mit den überwiegend weiblichen Dienstboten bahnten zuerst die sozialdemokratischen Frauen an. So hieß es im August 1899 in der Zeitschrift »Die Gleichheit«: »Wir begrüßen es auf das freudigste, daß eine der am meisten ausgebeuteten, getretenen und geknechteten Schichten des weiblichen Proletariats zum Bewußtsein ihrer traurigen Lage zu erwachen beginnt, sich wider das ihr auferlegte Elend empört und den Kampf für eine ernste Besserstellung solidarisch aufnimmt.«[62]

Clara Zetkin wertete das noch »zahme«, »bescheidene« Aufbegehren der Dienstboten eindeutig als einen Teil der revolutionären Bewegung des Proletariats für die Befreiung der Arbeit. »Diese Tatsache kann nicht verdunkelt werden dadurch, daß die Führer der Bewegung in kindlich naiven Harmonieträumereien schwelgen, daß sie den sozialdemokratischen Tendenzen den Krieg erklären, daß die Dienstboten selbst noch unklar und verworren über ihre Lage und die zu erstrebenden Ziele denken.«[63] Und sie fügte hinzu: »Unseren Genossinnen in Berlin und anderwärts weist die in Fluß gekommene Bewegung der Dienstboten aber eine neue, ernste und schwierige Aufgabe zu. Sie haben mit Verständnis und Energie dafür zu wirken, daß die junge, unklare Bewegung möglichst rasch zur Klärung gelangt, daß sie ihre Kraft nicht auf den öden Pfaden einer unfruchtbaren Harmonieduselei verzettelt, vielmehr als Kampfbewe-

62 Clara Zetkin: Zur Dienstbotenbewegung. In: Ausgewählte Reden und Schriften. Bd. I, S. 168.

63 Ebenda, S. 173.

gung entschieden deutlich erkannten Zielen zustrebt ...«[64]

Auf der 4. Konferenz der sozialdemokratischen Frauen Deutschlands war die Dienstbotenfrage ein Gegenstand der Diskussion: »Das angeblich ›patriarchalische‹ Verhältnis zwischen den Dienstboten und den Dienstherrschaften ist heutzutage zu einem Deckmantel und einer Quelle schlimmster Mißstände geworden, unter denen die Dienenden weit über das Maß der gewerblichen Arbeiter hinaus leiden. Das traurige Los derselben erhellt nicht bloß aus den zahlreichen Klagen und Beschwerden, welche in die Oeffentlichkeit dringen, sondern es ist auch durch Gerichtsverhandlungen einwandsfrei festgestellt worden, daß im allgemeinen den Dienstboten weder die kulturmäßige Lebenshaltung, noch die gerechte soziale Würdigung zuteil wird, auf die sie kraft ihrer Arbeitsleistungen einen Anspruch haben.

Das materielle und moralische Elend der Dienenden wird wesentlich dadurch verschärft, daß sie nicht unter dem gleichen Recht wie die gewerblichen Arbeiter stehen, nicht Anspruch auf die sozialen Institutionen haben, die deren Schutz dienen, sondern einem mittelalterlichen Ausnahmegesetz unterworfen sind.«[65]

Der allgemeinen Einschätzung der Lage schlossen sich Forderungen an, die die Mängel der Dienstbotenexistenz genau trafen:

»1. Abschaffung der Gesindeordnungen und Gesindedienstbücher.
2. Unterstellung der Dienenden unter die Gewerbeordnung. Ausdehnung aller Versicherungsgesetze auf sie, Gewährung eines gesetzlich gesicherten vollen Koalitionsrechts und Aufhebung der Verpflichtung, Hausangehörige mit ansteckender Krankheit behaftet zu pflegen.
3. Sinngemäße Anwendung der Bestimmungen über

64 Ebenda, S. 175.

65 Die Dienstbotenbewegung. In: Protokoll über die Verhandlungen des Parteitages der Sozialdemokratischen Partei Deutschlands. Abgehalten zu Mannheim vom 23. bis 29. September 1906 sowie Bericht über die 4. Frauenkonferenz am 22. und 23. September 1906 in Mannheim, Berlin 1906, S. 433.

Arbeitszeit und Arbeitsdauer, Sonntags- und Nachtarbeit usw. auf die Dienenden; im besonderen und zunächst als Mindestmaß an gesetzlichem Schutz: Einführung eines gesetzlich geregelten Arbeitstages, eines vollen freien Sonntagnachmittags alle 8 Tage und alle 14 Tage einen vollen freien Tag. Für außergewöhnliche Arbeiten sind Hülfskräfte anzustellen.

4. Gesetzliche Vorschriften, gesunde, den hygienischen Verhältnissen entsprechende Schlafräume, welche von innen verschließbar sein müssen, und ständige Kontrolle derselben durch die Behörden.
5. Einführung des obligatorischen Fortbildungsschulunterrichts auch für die Dienenden bis zum 18. Lebensjahre.
6. Abschaffung der privaten Stellenvermittelungsbureaus und Einführung von paritätischen Stellennachweisen.«[66]

Die Resolution der sozialdemokratischen Frauen endete mit dem Aufruf, die Dienstboten umfänglich über ihre Lage aufzuklären, und bekräftigte das Vorhaben, für die oben bezeichneten Reformen nachdrücklich einzutreten, »damit die Hunderttausende dienender Töchter des werktätigen Volkes zu einer kulturwürdigen Lebenshaltung gelangen und zu tätigen Mitkämpferinnen werden«.[67]

Junge Proletarierinnen in industrieller Lohnarbeit

Im Jahre 1907 waren in deutschen Industriebetrieben (und im Bergbau) neben 9 152 330 männlichen Arbeitskräften 2 103 924 Arbeiterinnen beschäftigt. Das waren 22 Prozent aller erwerbstätigen Frauen und 6,7 Prozent der weiblichen Bevölkerung überhaupt.[68]

Das Gros (über 80 Prozent) der Industriearbeiterinnen bildeten ledige junge Mädchen, zumeist Töchter aus Ar-

66 Ebenda, S. 433/434.

67 Ebenda, S. 434.

68 Siehe August Bebel: Die Frau und der Sozialismus, Berlin 1979, S. 173.

beiterfamilien. Weibliche Arbeitskräfte wurden damals in Werkstätten oder Fabriken nahezu aller Industriezweige beschäftigt. Ausgesprochene Frauenbranchen, in denen die Zahl der weiblichen Arbeitskräfte die der männlichen weit übertraf, stellten die Textilindustrie, das Bekleidungs- und das Reinigungsgewerbe dar. Aber auch in der Nahrungs- und Genußmittelindustrie, in der Papierherstellung, in der Holz- und Metallverarbeitung, im graphischen Gewerbe und in der Industrie der Steine und Erden arbeiteten viele Mädchen und Frauen.[69]

Ausbildung

Sie alle übten unqualifizierte Tätigkeiten aus, nur wenige davon hatten eine kurze Anlernzeit gehabt. Selten bekamen Mädchen eine regelrechte längere Berufsausbildung, die sich als Form der Lehre für Industriebetriebe damals durchzusetzen begann. »Gelernte Berufe« für Frauen, spezialisierte Tätigkeiten, die stets höher entlohnt wurden als ungelernte Arbeit, gab es vereinzelt bereits in der Wäschefabrikation, in der Posamentenbranche und im fabrikmäßigen Reinigungsgewerbe. Hier war zum Teil Handfertigkeit notwendig, die ohne lange Übung und Unterweisung nicht erreicht werden konnte. Zugunsten der Rentabilität und Qualität der Arbeitsabläufe wurde also ein gewisses Maß an Ausbildung notwendig. Einen Eindruck davon, wieweit die Spezialisierung getrieben wurde, die Aneignung von Kenntnissen begrenzt blieb, vermittelt die Skala der separaten Zweige des Berufs der Stickerin: Handstickerei, Gold-, Silber-, Uniform-, Weiß-, Monogramm-, Tapisserie- und Kurbelstickerei konnten gelernt werden.[70] Eine solche Aufgliederung der Tätigkeiten war in allen Industriezweigen üblich.

Weitaus häufiger als eine »Lehre« zu Beginn der Berufstätigkeit war der Fall, daß sich geschickte Arbeiterin-

69 Siehe ebenda, S. 174.

70 Siehe Josephine Levy-Rathenau: Übersicht über die einzelnen Frauenberufe, ihre Erfordernisse und Aussichten. In: Das Buch vom Kinde. Bd. II/2, S. 202.

nen während ihres Berufslebens zu Fachkräften in einer Branche entwickelten. Lediglich bessergestellte Arbeiter konnten versuchen, sie ihren Mädchen zu ermöglichen, und dann wählten sie Gewerbe, in denen ihren Töchtern Fabrikarbeit »erspart« blieb. Bei ungelernten, schlecht entlohnten Arbeitern reichte es nicht einmal für eine Berufsausbildung der Söhne. Meist war es bitter nötig, daß jedes der Kinder unmittelbar nach der Schulentlassung Geld verdiente.

Charakter der Fabrikarbeit. Verdienstchancen

Von allen Erwerbstätigkeiten für weibliche Arbeiter zählte die in mittleren und großen Industriebetrieben als die einträglichste. Für Mädchen und Frauen war die Tatsache, daß sie bald verhältnismäßig viel Geld verdienen konnten, das Hauptmotiv, überhaupt in eine Fabrik zu gehen. Es war körperlich anstrengende, oft schmutzige und monotone Arbeit, die sie dort zu verrichten hatten. Und, was schwerer wog, sie war lange Zeit sozial geächtet. Mit ihrem Eintritt in die Fabrik hatten die Mädchen notgedrungen eine im Alltagsbewußtsein nahezu aller Klassen und Schichten verbreitete, aus moralischen Vorbehalten errichtete Schwelle zu überwinden, die ihren Status als unsittlich oder bemitleidenswert und die Fabrikmädchen selbst als leichtsinnig und verkommen einstufte.

Kannten Eltern die Fabrikarbeit schon aus eigenem Erleben, ließen sie ihre Töchter eher in ähnliche Arbeitsverhältnisse gehen. Sie überschauten deren Nachteile und Zumutungen ebenso, wie sie die Vorteile gegenüber anderer Erwerbstätigkeit abwägen konnten. Daß die positiven Seiten nicht nur im Finanziellen, sondern tendenziell auch im Charakter der Arbeit gesehen wurden, zeigt folgende Betrachtung: »Der Großbetrieb mit seiner vollendeten Arbeitsteilung hat mehr Bedarf nach flinken, geschickten Händen, ist aber auch bei Eltern und Mädchen mehr beliebt, da er hygienisch günstigere Bedingungen gewähren kann, getrennte Arbeitssäle für männliches und weibliches Personal, die den Eltern oft wertvoll erscheinen, häufiger aufweist und sich endlich eine größere Stabilität der Beschäftigung auch in reiferen Jahren bei ihm voraussetzen läßt. Was man im Großbetrieb lernt, das hofft man immer wieder in einem Großbetrieb verwenden zu können, während das in kleinen Betrieben Gelernte oft nur in diesem einen Betrieb Brot schafft.«[71]

Wie Frauen sich – entgegen zeitgenössischen Vorbehalten – gut auf die »widernatürliche« Technik und Maschinenarbeit einstellen konnten, sie sogar mit Stolz und ohne Schwierigkeiten meisterten, wird von Chemnitzer Weberinnen berichtet: »Mit unglaublicher Keckheit greifen die Mädchen mitten ins Getriebe der Maschinen, holen das blitzschnell hervorschießende Schiffchen heraus und legen ebenso schnell das volle Schiff hinein. ... Ihre Maschine lieben sie, wie man einen treuen Hund liebt; sie putzen sie glänzend rein, binden an die Seitenbarren bunte Bänder, Heiligenbildchen und allerlei Flitterkram, den sie während des Sommers auf dem Schützenplatz von ihrem Schatze bekommen haben.«[72]

Interessant ist in diesem Zusammenhang die weitsichtige und sachliche Beschreibung, die die Sozialwissenschaftlerin Rosa Kempf 1911 vom persönlichen Befinden der Arbeiterinnen bei der Arbeit, von ihrer Arbeitseinstellung und Arbeitsfreude gab. Rosa Kempf gehörte zu den wenigen zeitgenössischen Forschern, die nicht beim Lamentieren über weibliche Fabrikarbeit verharrten, sondern sich mit deren widersprüchlichen kulturellen Konsequenzen auseinandersetzten. Sie schreibt: »Den jungen Mädchen, wie auch den erwachsenen Frauen ist ihre gleichförmige Beschäftigung in der Regel ganz lieb. Das Zusammenarbeiten mit vielen Alterskolleginnen in großen hellen Sälen, der Wetteifer, der für die Fleißigen daraus entspringt, die Unterhaltung und ständige Zerstreuung während der Arbeit durch die Anwesenheit so

71 Rosa Kempf: Das Leben der jungen Fabrikmädchen in München. In: Schriften des Vereins für Sozialpolitik, Bd. 135, Leipzig 1911, S. 62.

72 Minna Wettstein-Adelt: 3 1/2 Monate Fabrikarbeiterin. Eine praktische Studie, Berlin 1893, S. 20.

vieler Menschen, während das Einziehen selbst ein nicht allzu starkes surrendes Geräusch verursacht – in all dem ist etwas enthalten, was an die alten Spinnstuben erinnert, wenn auch das strenge und hastige Arbeiten im Akkordlohn der Arbeiterschaft ein anderes Gepräge gibt. So wenig Gelegenheit im eigenen Denken aber auch in der Arbeit selbst liegt, so ist die Zufriedenheit der Arbeiterinnen doch auch erklärlich. Nur für geistig regsame, eigentlich nur für produktiv veranlagte Naturen liegt in dem Einerlei einer gefahrlosen Beschäftigung etwas Quälendes. Diese Mädchen aber sind zu schlecht ernährt und stammen aus sozial zu tief stehenden und wirtschaftlich zu bedrängten Verhältnissen, als daß die geistige Spannkraft des Durchschnitts groß sein könnte. Das Bewußtsein, daß ihnen ein gleichbleibender Erwerb so gut wie gesichert ist, übertönt die geistige Not. Das Einerlei einer reinlichen und an sich nicht unangenehmen Beschäftigung wird zudem von den Damen der vermögenden Kreise als freiwilliger Zeitvertreib gewählt: ihr stundenlanges, ja tagelanges Stricken (im Zeitalter der Strickmaschine), das Häkeln und Sticken von vorgezeichneten Mustern, das alles sind Tätigkeiten, die sich ihrer Natur nach vom Borsteneinziehen, Falzen und ähnlichem nicht unterscheiden. Die Differenz liegt in der strammen Disziplin der Fabrik und in der Hast des Arbeitens infolge der Nötigung zum Erwerb. Es ist aber ganz nutzlos, die Arbeiterinnen über die gleichförmige und gedankenlose *Art* der Arbeit zu bedauern, solange man die Nötigung zum Erwerb nicht von ihnen nehmen kann.«[73]

Wenn besonders intelligente, aktive Mädchen immer wieder versuchten, von der Fabrikarbeit loszukommen, so reflektierte Rosa Kempf weiter, bestimmte weniger die Art und die Schwere der Arbeit dieses Streben, sondern mehr die Aussichtslosigkeit ihrer beruflichen Position und die stagnierenden Lohnverhältnisse. »Aufsteigen« in besserbezahlte und verantwortungsvollere Stellen konnten Frauen in der Industrie kaum, obwohl sie

73 Rosa Kempf: Das Leben der jungen Fabrikmädchen in München, S. 80.

nachweislich für viele Arbeiten geschickter waren als Männer, größere Geduld, gewandtere Fingerfertigkeit und entwickelteren Geschmackssinn zeigten als diese.[74]

Selbst in den klassischen Frauenbranchen waren nur die Männer beruflich qualifiziert: »... sie allein werden Vorarbeiter und Meister, stehen an den wichtigsten Posten, verteilen die Arbeit an die Frauen und kontrollieren sie ... «[75] Ein Beispiel illustriert dieses Verhältnis: »Mir kam in keinem Gewerbe in solchem Maße die *›Magdstellung‹* der Frau in der Industrie zum Bewußtsein, als im Buch- und Steindruck, wo immer einem einzelnen beruflich hochqualifizierten Maschinenmeister, oftmals noch einem jungen Manne, 1–2 Frauen in ihrer Arbeitsleistung untergeben sind, wo von der durch die Maschine erzeugten Arbeit die Frauen nicht nur den geistloseren Teil den gelernten Männern abnehmen, sondern auch von dem schmutzigen und unangenehmen ein reichliches Maß mit zugemessen erhalten.«[76]

Die Arbeit der Frauen wurde prinzipiell schlechter entlohnt als Männerarbeit. Auch dort, wo sie nachweislich das gleiche leisteten, bekamen sie 30 bis 50 Prozent weniger Lohn. Darin unterschied sich der Privatunternehmer weder vom Staat noch von der Gemeinde. Auch die Frauen im Eisenbahn- und Postdienst erhielten weniger Geld als ihre männlichen Kollegen, und Lehrerinnen bezahlte jede Gemeinde geringer als Lehrer. Besonders gravierend war das geschlechtsspezifische Lohngefälle in der Industrie. Nach den Ergebnissen einer Umfrage der Berliner Gewerbeinspektion (um die Jahrhundertwende) betrug der durchschnittliche Wochenlohn der Arbeiterinnen 11,36 Mark. Die meisten der Löhne lagen zwischen 8 und 15 Mark, bei einer täglichen Arbeitszeit von 10 bis 11 Stunden.[77] Die hinsichtlich Arbeitsanforderungen und Qualifizierung vergleichbaren männlichen (ungelernten) Arbeiter verdienten wöchentlich im Durch-

74 Siehe August Bebel: Die Frau und der Sozialismus, S. 244.

75 Rosa Kempf: Das Leben der jungen Fabrikmädchen in München, S. 93.

76 Ebenda, S. 85/86.

77 Siehe August Bebel: Die Frau und der Sozialismus, S. 181.

schnitt 21 Mark.[78] Selbst im ersten Weltkriege, wo man fast ausschließlich auf weibliche Arbeitskräfte angewiesen war, ist an dem Prinzip der ungleichen Entlohnung festgehalten worden.[79]

»Die vorwiegend ungelernte Frauenarbeit, die unzulängliche Lehrzeit der Frauen, die sich überhaupt eine Berufsausbildung aneignen, halten die Frauen noch auf einem *niedrigen Niveau der Leistungsfähigkeit*. Die meisten Mädchen sehen, solange sie jung sind, ihre Arbeit nur als Provisorium, nur als Übergangsstadium an. Es fehlt der richtige *Berufsernst*, der Wunsch, sich für den Beruf *fortzubilden* und darin vorwärts zu kommen.«[80] Während bürgerliche Zeitgenossen, wie hier die Sozialwissenschaftlerin Alice Salomon, die Gründe für die Unterbezahlung der Frauen in ihrer Unbildung und ihrem scheinbaren Desinteresse suchten, machte August Bebel darauf aufmerksam, daß die mindere Bewertung der weiblichen Arbeit vielmehr Ausdruck ihrer sozialen Unterlegenheit sei, die das Kapital skrupellos ausnutze. »Die Frau ist bedürfnisloser und vor allen Dingen hilfloser; ihr Erwerb ist in sehr vielen Fällen nur eine Ergänzung zu dem Einkommen des Gatten oder des Vaters als des eigentlichen Ernährers; der dilettantische, provisorische und zufällige Charakter der Frauenarbeit; die große industrielle Reservearmee der Arbeiterinnen und daher ihre geringere Widerstandsfähigkeit ...«[81] Gerade diese Eigenschaften der weiblichen Arbeitskräfte waren eine wichtige Ursache für die steigende Erwerbstätigkeit in der Industrie. In Wirtschaftskrisen ersetzten die Unternehmer allzu gern Männerarbeit durch die weitaus billigere der Frauen.

78 Siehe Gustav Brutzer: Die Verteuerung der Lebensmittel in Berlin im Laufe der letzten 30 Jahre und ihre Bedeutung für den Berliner Arbeiterhaushalt. In: Schriften des Vereins für Sozialpolitik. Bd. 139, München/Leipzig 1912, S. 56.

79 Siehe Henriette Fürth: Die deutschen Frauen im Kriege, Tübingen 1917, S. 13.

80 Alice Salomon: Die Berufswahl der Mädchen: In: Das Buch vom Kinde. Bd. II/2, S. 184.

81 August Bebel: Die Frau und der Sozialismus, S. 181.

Die schwache ökonomische Position der Frauen in der Industrie war außerdem in der Art der Arbeit, die sie verrichteten (oft isolierte, kleinbetriebliche Produktion mit Saisoncharakter und enormer Fluktuation), sowie in ihrer staatsbürgerlichen Rechtlosigkeit – dem Koalitionsverbot – befestigt.

Bessere Arbeitsbedingungen und höhere Löhne für sich zu verlangen wagten Industriearbeiterinnen unter diesen Voraussetzungen noch kaum. Das erhöhte in den Augen der kapitalistischen Unternehmer ihren Wert als auszubeutende Arbeitskraft. Oft bildeten sie »sogar in seinen Händen einen guten Trumpf gegen widerspenstige männliche Arbeiter ...«[82] Auch diese lernten erst in einem längeren historischen Zeitraum, die Kolleginnen nicht als »Schmutzkonkurrentinnen« abzulehnen, sondern als Proletarier mit gleichen Forderungen und Interessen gegen das Kapital zu akzeptieren und sich mit ihnen gewerkschaftlich und politisch zu verbünden.[83]

Auf einen schwierigen und verzögerten Beginn der Politisierung der Arbeiterinnen, deren Zahl im Verlaufe der Industrialisierung ständig wuchs, hatte Clara Zetkin auf dem Internationalen Arbeiterkongreß in Paris 1889 mit folgenden Worten aufmerksam gemacht: »Ohne Beihilfe der Männer, ja, oft sogar gegen den Willen der Männer, sind die Frauen unter das sozialistische Banner getreten; man muß sogar zugestehen, daß sie in gewissen Fällen selbst gegen ihre eigene Absicht unwiderstehlich dahin getrieben worden sind, einfach durch eine klare Erfassung der ökonomischen Lage.«[84]

Im Arbeitsprozeß stehende, minderbezahlte und ungerecht behandelte Frauen mußten zwangsläufig aus Existenzgründen lernen, sich zu wehren und vielleicht auch grundsätzlich über ihre soziale Lage nachzuden-

82 Ebenda, S. 170.

83 Siehe Clara Zetkin: Frauenarbeit und gewerkschaftliche Organisation. In: Ausgewählte Reden und Schriften, Bd. I, S. 31–42.

84 Clara Zetkin: Für die Befreiung der Frau. In: Ebenda, S. 10/11.

ken. Welche Tatkraft und persönliche Überwindung junge Arbeiterinnen dabei aufzubringen hatten und wie kompliziert der kollektive Lernprozeß verlief, ist in den Erinnerungen mehrerer Vorkämpferinnen der proletarischen Frauenbewegung überliefert. Das gilt für den Weg, den Adelheid Popp, Anna Altmann und Amalie Seidl in die österreichische Sozialdemokratie nahmen, ebenso wie für die deutschen Arbeiterführerinnen Luise Zietz, Emma Ihrer und Ottilie Baader.

Von Ottilie Baader stammt die detaillierte Schilderung des ersten gemeinsamen und bewußten Auftretens von 100 Maschinennäherinnen und Vorrichterinnen eines Berliner Textilbetriebes gegenüber ihrem Unternehmer. Die Vorgänge vermitteln gleichzeitig ein Bild von der Unsicherheit, Konjunkturabhängigkeit und den Ausbeutungsmethoden in einer Branche, die mit billiger Frauenarbeit Maximalprofite realisierte.

Ottilie Baader schreibt: »Den ersten Anstoß, eine Aenderung dieser ganzen Verhältnisse selbst in die Hand zu nehmen, brachte uns erst der Deutsch-Französische Krieg. Unmittelbar nach seinem Ausbruch gab es auch in der Wäscheindustrie einen Stillstand des Absatzes. Arbeiterinnen wurden entlassen und standen mittellos da, denn von dem Verdienst konnte niemand etwas erübrigen. Unsere Firma wollte das ›Risiko‹ auf sich nehmen, uns auch bei dem eingeschränkten Absatz voll zu beschäftigen, wenn wir für den *›halben‹* Lohn arbeiten wollten. Von Organisation hatten wir keine Ahnung – und wir waren in einer Notlage, denn die meisten Arbeiterinnen waren auf sich selbst angewiesen; sie lebten, wie man sagt, von der Hand in den Mund. So sagten wir zu, es einmal eine Woche zu versuchen.

Nun wurde drauf losgeschuftet. Das Resultat aber war kläglich; von dem um die Hälfte gekürzten Lohn wurden uns die vollen Kosten für Garn und Nadeln in Abzug gebracht. Das brutale Vorgehen des Unternehmers brachte uns zur Besinnung. Wir beschlossen einmütig, lieber zu feiern, als für einen solchen Schundlohn zu arbeiten, von dem zu existieren nicht möglich war. Drei Arbeiterinnen, zu denen auch ich gehörte, wurden bestimmt, dies dem Chef mitzuteilen. Als die Deputation

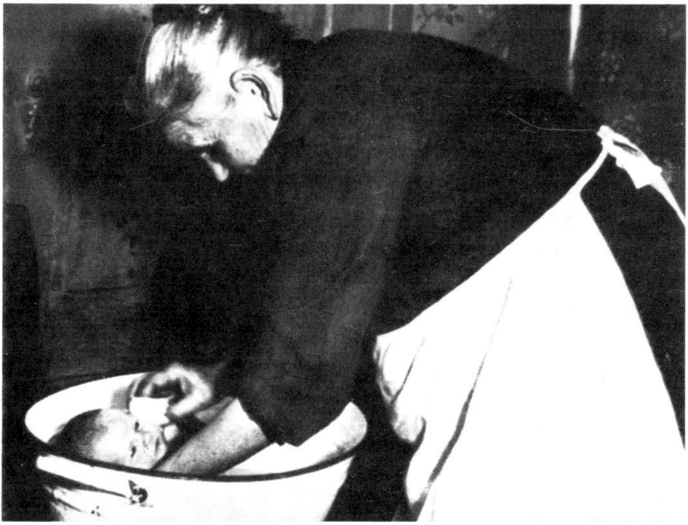

Geburt

Mit dem großen Bruder beim Fotografen

Mädchenklasse einer Berliner Volksschule, 1914

Spielplatz Straße

Arbeitermädchen mußten von klein auf
bei der Heimarbeit, im Haushalt
und bei der Versorgung der Geschwister helfen.

Die Ausnahmen: Behütet während Mutter arbeitet

Nach der Schulentlassung
Ausbildung in einer Haushaltsschule

Töchter eines Fabrikarbeiters aus Sebnitz, 1905

Wendepunkte im Leben des Arbeitermädchens:
Konfirmation

Hochzeit

Mutterglück

Arbeiterfamilie

Wohnungsnot und Kinderreichtum –
Hauptprobleme der meisten Arbeiterfrauen

Im Dienstbotenvermittlungsbüro, 1889

»In Stellung«

1895 verdienten im Deutschen Reich
1,3 Millionen Frauen und Mädchen
ihren Unterhalt als Dienstboten.

Typische Heimarbeitssituation
in einer Proletarierwohnung

Frauenarbeit im Großbetrieb

Vor der Freibank.
Hauptaufgabe der proletarischen Hausfrau war die Versorgung der arbeitenden Familienmitglieder.

Broterwerb durch Schwerstarbeit im fremden Haushalt

Lumpensammeln, Betteln, Asyl –
einzige Existenzmöglichkeiten
für alleinstehende alte Arbeiterfrauen

Frauensaal in einem Berliner Obdachlosenasyl, 1910

Witwe eines Facharbeiters, um 1890

Ausflug eines proletarischen Frauenvereins.
Bis 1908 war es Frauen verboten,
sich zu politischen Zwecken zu versammeln.

Freiheit und Kampfgeist als weibliche Allegorie.
Real blieben Arbeiterfrauen
noch »am Rande« des politischen Geschehens.

ihm nun den Gesamtbeschluß vortrug, wollte er uns damit beschwichtigen, daß er erzählte, sobald Siegesnachrichten eingingen, würde das Geschäft sich sofort wieder heben und die Löhne steigen. Er hatte wohlweislich vermieden, zu sagen, ›die alte Höhe erreichen‹. Wir waren glücklicherweise in dem Moment schlagfertig genug zu antworten, der Lohn steige nie so schnell, wie er herabgesetzt würde und zudem habe dann das Geschäft ein volles, zu den niedrigen Löhnen hergestelltes Lager. Als der Chef merkte, daß wir uns nicht so leicht unterkriegen ließen, wurde er so wütend, daß er uns rot vor Aerger anschrie: ›Na, dann werde ich euch den vollen Preis wieder zahlen! Wollt ihr nun wieder arbeiten?‹ Da antworteten wir ihm kurz: ›Jawohl, nun werden wir wieder arbeiten.‹

Wir waren durch unsern Erfolg selbst überrascht. Dem Unternehmer aber war es ebenso neu, daß Arbeiterinnen sich zusammenfanden und geschlossen ihre Forderungen stellten.«[85]

Von ganz anderer Dimension war bereits, was Amalie Seidl zwanzig Jahre später als »ersten Arbeiterinnenstreik in Wien« 1893 erlebte. Erfüllt von den zündenden Ideen der vorangegangenen Maifeier hatten die Beschäftigten einer Wiener Textilfabrik Forderungen zur Verkürzung der Arbeitszeit von 12 auf 10 Stunden täglich und auf die Wiedereinstellung einer aus politischen Gründen entlassenen Kollegin formuliert. Beides wurde von der Firma abgelehnt. »Und momentan, so wie die Arbeiterinnen gingen und standen, barfuß, der großen Hitze wegen, die in manchen Arbeitsräumen herrschte, nur halb bekleidet, am Arm die Kleider, in der Hand die Körbchen mit dem dürftigen Mittagessen oder die Kaffeekannen, so verließ alles die Fabrik ... Nachmittags schon war die erste Versammlung auf einer Wiese in Meidling, der bald andere folgten. Auch die Arbeiterinnen von drei anderen Fabriken schlossen sich an, so daß nach einigen Tagen gegen 700 Frauen und Mädchen im Streik standen ... Dank der Solidarität der Arbeiterschaft konnten die Streikenden so ausreichend unterstützt werden, daß sie nicht viel weniger hatten als sonst

85 Ottilie Baader: Ein steiniger Weg, S. 14.

in der Fabrik. Daß die Streikenden nicht nachgeben, sondern ausharren wollten, war ganz selbstverständlich. Und so wurden nach einer Streikdauer von 14 Tagen die Forderungen durchgesetzt. Verlangt wurde: Zehnstündige Arbeitszeit, Bezahlung eines Minimallohnes von 8 Kr. wöchentlich, Freigabe des 1. Mai und bei der Firma Heller, wo ich entlassen worden war, auch noch meine Wiederaufnahme ...«[86]

Diese spontanen und erfolgreichen Aktionen, von denen Ottilie Baader und Amalie Seidl mit Stolz berichteten, waren ermutigende Anzeichen dafür, daß Mädchen und Frauen für ihre ökonomischen Interessen und in der Perspektive auch für den proletarischen Klassenkampf zu mobilisieren seien. Zum Selbstverständnis der Mehrzahl der arbeitenden Frauen gehörte es aber noch längst nicht, sich als Angehörige einer sozialen Klasse zu begreifen, die Forderungen für sich zu stellen und durchzusetzen vermochte. Die Organisierung der Arbeiterinnen machte langsame Fortschritte. Im Jahre 1892 hatten sich in Deutschland erst 4355 Frauen gewerkschaftlich gebunden. Das waren 1,8 Prozent aller Gewerkschaftsmitglieder und weniger als ein Tausendstel aller weiblichen Erwerbstätigen. 1908 betrug die Zahl weiblicher Gewerkschaftsmitglieder bereits 138 443, das waren 7,6 Prozent der Gesamtmitgliederzahl und etwa 1,4 Prozent der Lohnarbeiterinnen.[87]

Objektiv fehlte ihnen, den Verheirateten wie den Ledigen, die Zeit und die Energie, über die Alltagspflichten und -sorgen hinaus zu denken und zu handeln. Und die meisten von ihnen wünschten auch nicht, wie Adelheid Popp, lieber ein Mann zu sein, »um auch ein Anrecht auf die Beschäftigung mit Politik zu haben«[88]. Ihre Arbeitssituation und die damit verbundenen Zumutungen sahen junge Arbeiterinnen als etwas Vorübergehendes an, das durchzustehen war. Denn sie wollten heiraten und bis dahin soviel wie möglich verdienen, um sich etwas kau-

86 Zit. in: Arbeiterinnen kämpfen um ihr Recht, S. 195/196.
87 Siehe August Bebel: Die Frau und der Sozialismus, S. 171.
88 Adelheid Popp: Die Jugendgeschichte einer Arbeiterin, S. 49.

fen, etwas erleben zu können, und dann, nach der Heirat, endgültig die Fabrikarbeit aufgeben.[89]

Die Lebenshaltung

Wie lebten junge Arbeiterinnen? Welche Wünsche und Träume hatten sie für die Zeit nach ihrer Arbeit?

Was die Alltagssituation betraf, enthält der folgende Bericht über das Leben einer 22jährigen Kartonagearbeiterin in einer süddeutschen Seifenfabrik zur Jahrhundertwende in manchen Punkten Typisches: »... lebt im Haushalt der Eltern in Welschneureuth; Vater ist in derselben Fabrik als Schreiner beschäftigt; 5 jüngere Geschwister besuchen noch die Schule. Bis zum Spätjahr war das Mädchen in Dienststellen. Seitdem der Vater kränklich ist, trat die Notwendigkeit für die Familie ein, das Geldeinkommen durch Fabrikverdienst der erwachsenen Tochter etwas zu erhöhen. So kam das Mädchen gegen ihre eigene Neigung zur Fabrikarbeit, bei der sie sich auch weniger wohl fühlt, als im Dienst. Sie verdient im Tagelohn 1,40 M.; bei Akkordlohn dagegen 1,80 M. Den ganzen Verdienst gibt sie den Eltern, von denen sie täglich 20 bis 30 Pf. erhält, um ihr Essen und Trinken zu bestreiten. Das Frühstück ist Kaffee und Wecken (Weizenbrötchen – die Verf.); morgens wird nichts genossen; am Mittag in der Fabrik 1/2 Liter Bier und Brot; am Nachmittag Brot. Am Abend gibt es zu Hause Suppe und Kartoffeln. Fleisch nur an Sonntagen. Das Taschengeld für Sonntag beträgt 10 Pf. Der Weg (2 mal 5/4 Stunden) wird zu Fuß zurückgelegt. Abgang morgens um 5 Uhr; Ankunft abends um 7 1/4 Uhr.«[90]

Nach ökonomischen Kriterien galten proletarische Jugendliche als erwachsen, wenn sie ihren Lebensunterhalt selbst verdienten. Volljährig, das heißt aus der »väterlichen Gewalt« entlassen, waren sie nach dem Bürgerlichen Gesetzbuch erst mit dem vollendeten 20. Le-

89 Siehe Rosa Kempf: Das Leben der jungen Fabrikmädchen in München, S. 199.

90 Arbeiterfamilien im Kaiserreich. Materialien zur Sozialgeschichte in Deutschland 1871–1914, Düsseldorf 1982, S. 87/88.

bensjahr. Für junge Männer bedeutete dies gleichzeitig die Ehemündigkeit, während junge Mädchen bei Einverständnis der Eltern oder des Vormundes schon mit 16 Jahren heiraten durften.

Auf Grund des frühen eigenen Einkommens verlief die Jugend von Arbeiterinnen und Arbeitern prinzipiell unabhängiger und selbstbestimmter als die ihrer bürgerlichen Altersgenossen. Jene hatten, waren sie Söhne, entweder eine umfangreiche, vom Vater finanzierte Ausbildungszeit zu absolvieren, auf das Geschäftserbe zu warten oder eine erfolgreiche Berufslaufbahn zu erstreben. Für die Töchter gehörte es sich, im Elternhaus untätig auszuharren, bis sie geheiratet wurden. Sinnvolle Arbeit oder gar Geldverdienst war nicht standesgemäß. Höhere Bildung kam nur selten in Frage. (Nicht von ungefähr gehörten zu den ersten und nachdrücklichsten Forderungen einer bürgerlichen Frauenbewegung die nach dem Recht auf Arbeit und auf Bildung.)

Fortgesetzte Familienbindung

Auch proletarische Jugendliche verließen keineswegs sofort mit 14 Jahren die Familie. Immer mehr Arbeitersöhne durchliefen zur Jahrhundertwende in der Industrie eine Lehrzeit, ehe sie ausreichend verdienten. Und die niedrigen Löhne der Mädchen, die gleich in ungelernte Erwerbsarbeit eintraten, gestatteten ohnehin keine eigenständige Lebensführung. Aber selbst bei gutem Verdienst war es für junge Arbeiter wie für die Familienökonomie vielfach günstiger, weiterhin zusammen zu wirtschaften. Nun traten in der Familie die Einkünfte der erwachsenen Kinder an die Stelle des Dazuverdienstes der Mutter. Diese sorgte dann ausschließlich für die Reproduktion der Arbeitskraft mehrerer vollerwerbstätiger Familienmitglieder, die von ihrem Lohn »Kostgeld« abgaben. Die »Dienstleistungen« und der Schlafplatz zu Hause waren in jedem Falle preiswerter als alles, was Alleinstehende »in der Fremde« mieten oder kaufen mußten.

Andererseits sind junge Arbeiter durchaus nicht seßhaft gewesen. Sie haben wiederholt die Arbeitsstellen und, besonders wenn sie aus ländlichen oder kleinstädtischen Verhältnissen stammten, recht bald auch den Wohnort gewechselt. Sich immer neu einträglichere Arbeit und bessere Lebensumstände zu erschließen, in den Großstädten »ihr Glück zu versuchen« oder gar auszuwandern bestimmte die Verhaltensweisen junger männlicher Arbeiter. Allein junge Mädchen vom Lande, die »in Stellung« gingen, mußten ähnlich mobil sein. Jugendliche Arbeiterinnen hatten es, was den Arbeitsmarkt und die Bedingungen, alleinstehend zu existieren, ja schon allein Unterkunft zu finden, objektiv schwerer. Aus mehrfachen Gründen waren sie auch subjektiv weniger geneigt, die Familie, »den Anschluß an Blutsverwandtschaft, das Gefühl des Heimatlichen und Geborgenseins« aufzugeben.[91]

Von den Töchtern, die in ständiger Mitverantwortung für die Geschwister und für den Haushalt herangewachsen waren, wurde erwartet, daß sie nach ihrer Schulzeit noch einige Jahre, bis zu ihrer Heirat, der Elternfamilie zur Verfügung standen. Die meisten jungen Arbeiterinnen entsprachen diesem Ansinnen, besonders in Großstädten und Industriebezirken, wo es einfach war, Arbeit in der Nähe der Wohnung zu finden. Ihre Lebensperspektive, ihre Einstellung zur Erwerbsarbeit, zum eigenen Lohn, unterschied sich von der der Brüder. Nach traditionellem Verständnis, das im Proletariat ebenso wirkte wie in den anderen sozialen Schichten zu dieser Zeit, gehörten sie eigentlich »ins Haus«, wenn auch auf ihren außerhäuslichen Erwerb nicht verzichtet werden konnte. Die Berufsarbeit ihrer Töchter sahen auch die Eltern nicht als Lebensinhalt, sondern als Übergangsstadium bis zur eigenen Familiengründung an. Für später wurde Erwerbsarbeit höchstens als Ausweg einkalkuliert, um materielle Not in der Ehe zu beheben. Alle hofften jedoch, daß sie es nicht nötig haben würden. »Das Mädchen wird darum in den nächsten besten Verdienst gebracht, der möglichst bald den Eltern einen Zuschuß

91 Rosa Kempf: Das Leben der jungen Fabrikmädchen in München, S. 162.

für die Lebenskosten abwirft! Für die spätere Zukunft aber bleibt alles dem dunkel geahnten Gatten in glücklicher sozialer Lage überlassen.

Infolge davon sind die Berufsverhältnisse der Mädchen viel trostloser als jene ihrer Brüder. Nur selten treten sie in eine regelrechte Lehre ein, und nur selten wird während des Lehrverhältnisses von den Eltern größeres Gewicht auf die Ausbildung der Mädchen als vielmehr auf die baldige Bezahlung derselben gelegt.«[92]

Mangelhafte Reproduktion

Vorläufige und austauschbare Berufstätigkeit ohne jede Perspektive und für weniger Geld als gleichwertige Männerarbeit benachteiligte vollerwerbstätige junge Arbeiterinnen gegenüber männlichen Lohnarbeitern nicht nur ökonomisch, sondern auch kulturell. Arbeitsfreude und der Antrieb, auch komplizierte Aufgaben zu meistern, konnten sich nur schwach entwickeln. Im Hinblick auf ihr familienorientiertes Lebensziel – Ehefrau und Mutter zu werden – wurde ihre Arbeit in der gesellschaftlichen Produktion von Beginn an als zweitrangig bewertet. Bereits in den Herkunftsfamilien war es selbstverständlich, den ganzen Lohn der Töchter als »Dazuverdienst« aufzubrauchen, war Hausarbeit nach Feierabend für sie Pflicht, kamen ihre Reproduktionsbedürfnisse zu kurz. So mangelte es ihnen schon an Zeit und materiellen Voraussetzungen, ihre Arbeitskraft täglich wirklich zu erneuern. Verlangen nach Muße, Vergnügen oder Bildung auszubilden und zu erfüllen fiel noch weit schwerer.

Die schon zitierte umfangreiche soziologische Arbeit von Rosa Kempf zum Leben Münchner Fabrikmädchen enthält dazu mannigfaltige Belege. In den untersuchten Familien wurden die Töchter im Vergleich zu den erwerbstätigen Söhnen erheblich in ihrer freien Verfügung über ihre Geldeinnahmen beschränkt und zu »den Arbeitslasten des Familienhaushalts relativ stärker herangezogen. Trotzdem verblieben sie in größerer Zahl und

92 Rosa Kempf: Das Großstadtmädchen der unteren Schichten. In: Blätter für Volkskultur (Berlin), 1913, Nr. 23, S. 586.

auch noch in reiferen Jahren im Familienverband.«[93] Es fiel weiterhin auf, daß das Allgemeinbefinden und der Gesundheitszustand bei den Mädchen schlechter war als bei den jungen Burschen. »Was die Mädchen so tief schädigt, ist zunächst die *gänzlich ungenügende Ernährung*, die auch ohne gewerbliche Arbeit ihre Gesundheit ruinieren müßte, ferner der *Mangel fast jeglicher Körperpflege* außerhalb ihrer Arbeitszeit: die fehlende Rast und die fehlende Bewegung im Freien.«[94] »Während der gleichaltrige Bruder in den arbeitsfreien Zeiten sich erholt, sich unterhält, seine Gesundheit im Freien pflegt ...«, waren seine Schwestern mit Waschen, Bügeln und Kochen beschäftigt.[95]

Für männliche Lohnarbeiter stand fest, daß sie ihre alltäglichen Reproduktionsbedürfnisse ohne eigene häusliche Arbeitsleistungen befriedigten, das heißt sich mit Geld (Kostgeld an die Mutter oder an die Wirtin) davon loskauften. Denn nur erholt und ausgeruht konnten sie am nächsten Tag am Arbeitsplatz ihren »ganzen Mann« stehen. Anders bei der jungen Arbeiterin: »Von ihr wird man nicht nur erwarten, daß sie ihre Kleider und ihr Zimmer selbst reinhält, daß sie ihre Wäsche selbst besorgt und die Löcher ihrer Kleidungsstücke selbst stopft: man wird auch damit rechnen, daß sie einen Teil ihrer Kleidung selbst näht und sich vor allem ihre Nahrung ganz oder doch größtenteils selbst kocht; man erwartet also, daß alle die Geldausgaben bei ihr wegfallen, welche die halbfertigen Waren konsumtionsreif machen ...«[96]

Entlastung von aufwendigen hauswirtschaftlichen Tätigkeiten konnten Arbeiterinnen sich niemals, auch nicht als Ledige und Alleinwirtschaftende, leisten. Ihr Lohn war so gering, daß sie mitunter noch auf zusätzliche Erwerbsarbeit angewiesen waren, um überhaupt auszukommen. Einen Feierabend hatten sie auf diese Weise kaum. Noch müde und abgeschlagen – begrenzt leistungsfähig – gingen sie am nächsten Tag wieder arbei-

93 Rosa Kempf: Das Leben der jungen Fabrikmädchen in München, S. 162.
94 Ebenda, S. 156.
95 Ebenda, S. 189.
96 Ebenda, S. 194.

Der Schick der »Konfektioneusen« zog die Blicke an.
So manche »hatte das Anständigsein satt«
und wollte lieber »anständig satt sein«.
Zeichnung von Ferdinand v. Rezniček

ten. Diese Verzettelung ihrer Kräfte, das ständige Hin- und Hergerissenwerden zwischen Erwerbs- und Reproduktionsarbeit prägte den Lebenszuschnitt der Industriearbeiterinnen von Jugend an.

Dennoch waren die Jahre bis zur eigenen Familiengründung die unbeschwertesten und sorglosesten ihres Lebens. In dieser Zeit konnten sie die vergleichsweise höchstbezahlte Fabrikarbeit für Frauen annehmen. Das schuf zumindest finanziell etwas Freiraum, persönliche Bedürfnisse materieller oder ideeller Natur zu befriedigen. Wenn überhaupt, dann war nur in dieser Lebensphase Gelegenheit, an Vergnügen, Geselligkeit, Kleidung, Putz und Naschwerk zu denken.

Konsumverhalten

Das Konsumverhalten von Fabrikarbeiterinnen fiel zeitgenössischen Beobachtern der proletarischen Lebensweise auf. Argwöhnisch reflektierten sie über mangelndes Sparverhalten, über das Unvermögen der Mädchen, mit Geld umzugehen, über ihre Art und Weise, es zu »verjubeln«. Nachdrücklicher als die Kauflust und Spendierlaunen junger Männer, deren individuelle Ökonomie ganz ähnlich geartet war (nur hatten Männer immer *mehr* Geld zu ihrer persönlichen Verfügung), verurteilten sie das Verhalten der jungen Proletarierinnen. Leichtsinn, Eigennutz, Verschwendungssucht, Putzsucht, Renommiergehabe, Vergnügungssucht, Naschhaftigkeit und dergleichen mehr gehörten zu den Standardvorwürfen. Vom Geschäftsinteresse her erscheint diese moralisierende Haltung absolut unverständlich und widersprüchlich. Die Unternehmer wünschten ja, daß Arbeiterinnen begehrten, was der kapitalistische Markt an Kleidung, Genußmitteln und Unterhaltung anbot. Die Frauen waren immer das vorrangige Ziel ihrer Reklame und Werbefeldzüge. Aber als Bürger mit ihren festgefügten Lebensmaximen sahen sie diesen Tatbestand mit Unbehagen. Sozial und kulturell war es ein Novum, daß Frauen und junge Mädchen ökonomisch selbständig als Käufer auftraten. Sie hatten eigenes (selbstverdientes) Geld, gaben es aus zu ihrem Spaß und ihrer Freude, urteilten selbst darüber, was sie haben wollten, ohne dazu in jedem Fall die Erlaubnis des Vaters oder des Mannes einzuholen. Für bürgerliche und kleinbürgerliche Verhältnisse, in denen die Hausfrau das Budget vom Gatten vorgezählt und die Töchter überhaupt kein Geld in die Hände bekamen, schien dies ungeheuerlich. Arbeiterfrauen und Mädchen waren ihnen in der persönlichen Unabhängigkeit vom Manne einen kleinen Schritt voraus.

Allerdings sind diese bescheidenen Anzeichen persönlicher Freiheit und reichlicheren Konsums in der weiblichen Lohnarbeiterexistenz stark überbewertet worden. Denn der vollständigen ökonomischen Eigenständigkeit alleinstehender Frauen, ihrer wirtschaftlichen Unabhängigkeit von einem Ernährer waren ja durch das gesellschaftliche Prinzip der niedrigen Frauenlöhne maßgebende Grenzen gesetzt. Und daß auch weibliche Arbeitskräfte sich ausreichend reproduzierten, in ihren Bedürfnissen Motive für weitere Leistungen fanden, konnte kapitalistischen Unternehmern und Geschäftsinhabern schließlich recht sein.

Wie sah nun die beargwöhnte materielle Lebenshaltung der jungen Lohnarbeiterinnen aus?

Untersuchungen weisen auf einen ungenügenden Ernährungszustand junger Arbeiterinnen hin. Wie bereits dargestellt, lebten sie in bezug auf die lebensnotwendigen Dinge – Essen und Schlafen – äußerst sparsam, ja entbehrungsreich. »Ueberhaupt konnten sich nur jene jungen Mädchen besser ernähren, die an ihrer Familie eine Stütze hatten. Das waren aber nur wenige. Viel öfter hatten die Arbeiterinnen ihre Eltern zu unterstützen oder sie mußten Kostgeld für Kinder bezahlen.«[97]

Täglich satt zu werden, »gesund« zu leben und außerdem gut gekleidet zu gehen – für alles zusammen reichte nun einmal der Lohn nicht. Von Chemnitzer Arbeiterinnen wurde berichtet: »Die Mädchen leben eigentlich nur für den Sonntag, sie sparen sich die ganze Woche alles Notwendige am Essen ab, um sich ein hübsches Kleid zu kaufen, sie essen lieber die ganze Woche trocknes Brot, um des Sonntags Bier zu trinken.«[98] »Während der Woche sind sie ganz einfach gekleidet, Rock und Bluse, Sonntags aber unterscheidet man sie größtenteils in nichts von den Bürgermädchen, da sie dann auch ein ganz anderes Benehmen zur Schau tragen, denn in der Woche.«[99]

Vergleichbare Erfahrungen machte Adelheid Popp als Arbeiterin in Wien. Anläßlich eines Lohnzuschlages überlegte sie: »Da ich an außerordentliche Entbehrungen gewöhnt war, hätte ich es für Verschwendung gehalten, jetzt mehr für die Ernährung auszugeben. Wenn ich nur keinen Hunger spürte, aus was die Nahrung bestand, kam für mich nicht in Betracht. Nur schön anziehen wollte ich mich.«[100] Dafür gab sie ein Motiv an, das wohl

97 Adelheid Popp: Die Jugendgeschichte einer Arbeiterin, S. 35.

98 Minna Wettstein-Adelt: 3 1/2 Monate Fabrikarbeiterin, S. 35.

99 Ebenda, S. 15.

100 Adelheid Popp: Die Jugendgeschichte einer Arbeiterin, S. 33.

fast alle der »verachteten« Fabrikmädchen bewog, sich ähnlich zu verhalten: »Wenn ich am Sonntag in die Kirche ging, sollte niemand in mir die Fabrikarbeiterin erkennen. Denn meiner Arbeit schämte ich mich. Das Arbeiten in einer Fabrik war mir immer als etwas Erniedrigendes erschienen. Als ich noch Lehrmädchen war, hatte ich immer sagen gehört, die Fabrikmädchen seien schlecht, liederlich und verdorben.«[101]

Selbstverständlich beherrschten es junge Arbeiterinnen, wie Mädchen aller Zeiten und Schichten, sich schick zu kleiden und modisch zu frisieren. Der Geschmack der Pariser Putzmacherinnen oder der Berliner Näherinnen war berühmt. Im sonntäglichen Straßenbild, in Lokalen und Vergnügungsstätten waren sie nicht vom übrigen Publikum zu unterscheiden. Städtische Konfektionsgeschäfte und Warenhäuser boten Blusen, Kostüme, Röcke, Kleider, Mäntel »hochmodisch« als billige Massenware an. Ebenso wurde begehrtes Zubehör – Sonnenschirme, Hüte, Glacéhandschuhe, Kragen, Muffs, Tücher, Spangen, Broschen – in reicher Auswahl angeboten. Alles selbst zu schneidern war kaum mehr üblich. Manchmal wurden aus »zweiter Hand«, beim Trödler gekaufte Stücke geändert oder aufgearbeitet.

Die Ausgaben für Schuhe und Stiefel belasteten den Geldbeutel am empfindlichsten. Sie waren teuer und durch die weiten Fußwege zur Arbeit schnell verschlissen. So behalfen sich die Arbeiterinnen an anderer, nicht so sichtbarer Stelle. »Sie sahen auf gutes Schuhwerk, leider aber gar nicht auf gute Wäsche. Sehr viele besitzen überhaupt nur zwei Hemden, wovon das eine immer in der Wäsche ist, während sie das andere tragen«, mokierte sich Frau Wettstein-Adelt.[102]

Die stummen und lauten Vorwürfe zielten nicht allein auf den »Kleiderluxus«, sondern auch auf die harmlosen Freizeitvergnügungen der Fabrikmädchen, auf ihr Faible für Theater, für Zirkus, Tingeltangel, Kino, Rummelplätze, Lotteriespiel und Kolportageromane, für Süßigkeiten und Kaffee. Zu Recht wies Adelheid Popp hoch-

101 Ebenda.

102 Minna Wettstein-Adelt: 3 1/2 Monate Fabrikarbeiterin, S. 15.

mütiges Unverständnis gegenüber den bescheidenen Freuden der Arbeiterinnen in die Schranken: »Auch den viel verlästerten Leichtsinn der Fabrikmädchen lernte ich kennen. Gewiß, die Mädchen gingen tanzen, sie hatten Liebesverhältnisse; andere stellten sich um drei Uhr nachmittag bei einem Theater an, um abends für dreißig Kreuzer einer Vorstellung beiwohnen zu können. Sie machten im Sommer Ausflüge und gingen stundenlang zu Fuß, um die paar Kreuzer Fahrgeld zu ersparen. Das bißchen Atmen in der Landluft mußten sie dann tagelang mit müden Füßen bezahlen. Das alles kann man Leichtsinn nennen, wenn man will, auch Vergnügungssucht, Liederlichkeit, wer aber hat den Mut dazu?«[103]

Frühe Begegnung mit der Sexualität

Gemessen an der in der bürgerlich kapitalistischen Gesellschaft herrschenden öffentlichen Moral, bewegten sich die Verhaltensweisen besonders großstädtischer Arbeiter in einigen Punkten durchaus am Rande der Konvention. Was ihre Geschlechterbeziehungen betraf, waren sie geradliniger, unmittelbarer, frei von in bürgerlichen Kreisen üblicher ökonomischer Kalkulation, raffinierter Heiratsstrategie und heuchlerischer Ehrsamkeit. Ein wesentlicher Grund dafür lag in der Andersartigkeit ihrer Arbeits- und Lebensbedingungen, die nie die Regelhaftigkeit bäuerlichen oder Handwerkerdaseins und schon gar nicht die Abgeschirmtheit bürgerlichen Privatlebens erzeugen konnten. Über diese Eigenart proletarischer (Familien-)Lebensweise wurde von Außenstehenden vielfach besorgt, aber wenig dialektisch reflektiert. Es kamen daher kaum die guten Seiten ihrer Offenheit, die perspektivische Bedeutung des unverklemmten Umgehens der Geschlechter miteinander zur Sprache. Im Mittelpunkt der Betrachtungen standen vielmehr die Auswüchse, die Gefahren für die Achtbarkeit der Frauen und Mädchen. Als »Nährboden« von Unzucht, Brutalität, Prostitution, Alkoholismus usw. wurden die Fabrikarbeit,

103 Adelheid Popp: Die Jugendgeschichte einer Arbeiterin, S. 35.

das »Schlafgängerwesen« und immer wieder das Wohnungselend geschildert. Sahen einige Zeitgenossen die Ursachen für die unbestreitbaren Mißstände dieser Lebensbereiche in einer »gattungsspezifischen«, angeborenen, unabänderlichen Verkommenheit des Proletariats, so haben sozialdemokratische Kritiker wie August Bebel und Otto Rühle sie unmißverständlich als Folgen kapitalistischer Klassenherrschaft erkannt und als unerträglichen kulturellen Zustand angeprangert. Bereits als Kind – so Otto Rühle – nähmen proletarische Mädchen in solchen Verhältnissen Schaden an Leib und Seele: »Dieses Kind lebt bei mangelhafter Ernährung, in dürftiger Kleidung, in einer elenden Wohnung mit vielen Menschen zusammen, roh behandelt und unempfindlich geworden gegen jede Art körperlicher Berührung. Es schläft im gleichen Bett mit Eltern, Brüdern, Schlafburschen, wäscht sich mit ihnen im gleichen Raume, ist von klein auf Zeuge aller Intimitäten des Lebens, wird frühzeitig mit allen Schamlosigkeiten vertraut.«[104]

Von ganz anderer weltanschaulicher Position her beobachtete Otto von Leixner die Zustände und berichtet: »Die ersten Verführer der Mädchen dieser Kreise sind in der erdrückenden Mehrzahl Angehörige des eigenen Standes; nicht selten – leider! – sind schon Mädchen von elf und zwölf Jahren nicht mehr jungfräulich. Eine der entsetzlichsten Folgen der Wohnungsverhältnisse.«[105] »Wer die Berliner Mädchen der Arbeiterkreise kennt, kann nur Eins sagen: mindestens drei Viertel derselben sind durch das Fabrikleben schon mit 14 und 15 Jahren, oft ohne ihre Schuld, ganz verdorben, und die Verderber sind in den höheren Ständen selten, fast immer unter den Angehörigen des eigenen Kreises zu suchen. Der junge Arbeiter hat darin selten ein zartes Gewissen und es gibt unter den Leuten eine große Zahl Don Juans, die sich in der Kneipe ihrer Heldentaten mit großer Selbstverständlichkeit rühmen.«[106]

104 Otto Rühle: Illustrierte Kultur- und Sittengeschichte des Proletariats. Erster Band, S. 452.

105 Otto von Leixner: Soziale Briefe aus Berlin, S. 123.

106 Ebenda, S. 329.

Ein moralisch entrüsteter und den Verhältnissen im Grunde Fremder konnte gar nicht anders urteilen. Die subjektive Seite solcher »Zustände« war ihm entgangen. Selbstverständlich bildeten auch damals die Erfolge beim anderen Geschlecht für Jugendliche – männliche und weibliche – bevorzugtes Thema von Gesprächen, auch von Prahlerei und Zoten. Kokettieren, Anbändeln, Erobern, ein neues »Verhältnis« vorführen, das bot Abwechslung, war unterhaltsam und das hauptsächliche (und »billigste«) Vergnügen, das sich Proletarier »leisteten«.

Begründet war die Entrüstung in solchen Berichten da, wo Notzucht an Minderjährigen, Nötigung Abhängiger aufgedeckt wurde. Daß hier die Beobachter durchaus nicht immer übertrieben, zeigen autobiographische Äußerungen wie die einer 1860 geborenen Farbikarbeitertochter, deren Vater als Trinker und »Schürzenjäger« verrufen war: Die »Mädchen sagten oft zu mir, mein Vater sei ein Schlimmer. Er wollte es auch mit mir probieren, aber ich hatte kein Gefühl für ihn, denn es ekelte mich, warum weiß ich nicht. Er rupfte immer an mir herum, meinte, er bringe mich dazu, aber es half nichts ... Ich sagte es aber auch der Mutter. Sie sagte mir, ich solle immer fliehen, wo ich könne.«[107]

Auch in Adelheid Popps Jugendgeschichte gibt es entsprechende Passagen. Mit vierzehn wurde sie fast vom »Bettgeher«, einem Kollegen ihres Bruders, vergewaltigt, und mit fünfzehn hatte sie sich der Belästigungen eines Vorgesetzten in der Fabrik zu erwehren.[108]

Bittere Erfahrungen machten mitunter die in »patriarchalischer« Obhut befindlichen Dienstmädchen. So berichtete Anna Mosegaard: »Als ich noch nicht volle 16 Lenze zählte, stand mein Dienstherr lüstern vor meiner Kammertür. Er, der mir hatte ein Vater sein wollen!« Der nächste »Herr« machte ihr im Beisein seiner Kinder schamlose »Liebeserklärungen«. »Als alle Versprechungen ihn nicht zum Ziele brachten, wollte er Gewalt brauchen, als er mich eines Tages allein zu Hause antraf. Mit

107 Zit. in: Arbeiterinnen kämpfen um ihr Recht, S. 70.
108 Siehe Adelheid Popp: Die Jugendgeschichte einer Arbeiterin, S. 17, 34.

knapper Not entkam ich ihm und hatte für alle Zeit genug von der vielgepriesenen Sittlichkeit der ›besseren Leute‹.«[109] Daß gerade Dienstmädchen von ihren Herren oder deren Söhnen verführt wurden, war, wie Bebel schrieb, allgemein bekannt. Aber auch »Näherinnen, Schneiderinnen, Modistinnen, Fabrikarbeiterinnen, in der Kopfzahl von Hunderttausenden« befanden sich in ähnlicher Lage. »Arbeitgeber und ihre Beamte, Kaufleute, Gutsbesitzer usw. betrachten es häufig als eine Art Privilegium, weibliche Arbeiter und Bedienstete ihren Lüsten dienstbar zu sehen.«[110]

Die Nähe zur Prostitution

Als »wahre Schulen der Demoralisation, der sexuellen Reizung, der Unzucht und Verwahrlosung«[111] haben viele sozial engagierte Zeitgenossen die Lebens- und Arbeitsverhältnisse junger Proletarierinnen gesehen und vor diesem Hintergrund die hohen Zahlen unehelicher Geburten und den beträchtlichen Anteil ehemaliger Dienstmädchen und Arbeiterinnen an der Prostitution diskutiert. So waren von 2224 registrierten Berliner Prostituierten im Jahre 1873 zuvor 35,7 Prozent Hausangestellte, 16 Prozent Fabrikarbeiterinnen, 42 Prozent Beschäftigte in Hausindustrie und Ladengeschäften und 6,3 Prozent sogenannte Aufwärterinnen in Verkaufslokalen sowie Kellnerinnen.[112] Und im Jahre 1901 waren von 1689 neu in Kontrolle gekommenen Dirnen 379 Dienstmädchen, 300 Arbeiterinnen (ehemalige Dienstmädchen), 176 Näherinnen, 171 Kellnerinnen und 663 Mädchen aus anderen Berufen.[113] Wie Zahlen aus dem Jahre 1898 belegen, war ein großer Teil der Prostituierten noch minderjährig (von 846 »neu Eingetragenen« 229 im Alter

109 Zit. in: Arbeiterinnen kämpfen um ihr Recht, S. 97/98.
110 August Bebel: Die Frau und der Sozialismus, S. 160.
111 Otto Rühle: Illustrierte Kultur- und Sittengeschichte des Proletariats. Erster Band, S. 460.
112 Siehe Oscar Stillich: Die Lage der weiblichen Dienstboten in Berlin, S. 249.
113 Siehe ebenda, S. 250.

von 15 bis 20 Jahren).[114] Hierbei handelte es sich »nur« um Prostituierte, die unter polizeiärztlicher Kontrolle standen. Nach Schätzungen betrug die tatsächliche Zahl, die auch jene Frauen einschloß, die der Gelegenheitsprostitution nachgingen, das Zehnfache und mehr.[115]

Die Zahl der Prostituierten wuchs in dem Maße wie die Zahl auf sich gestellter Frauen, die durch Lohnarbeit nicht ausreichend verdienten, um leben zu können. Generell führten die niedrigen Frauenlöhne und zusätzlich noch Arbeitslosigkeit und Absatzkrisen der Frauenbranchen in der Industrie spontan zu einem Ansteigen der Gelegenheitsprostitution. Wenn keiner ihre Arbeitskraft und ihre Handfertigkeit brauchte, war dieses »Dienstleistungsgewerbe« für Arbeiterinnen die einzige Erwerbsquelle, um sich selbst (und ihre Kinder) am Leben zu halten. Und nicht »persönliche Schuld«, Schwäche, Verkommenheit oder Lasterhaftigkeit trieben sie dazu, sondern ein »klassenmäßiges Schicksal«, bestimmt durch die soziale Notlage einerseits und die Verworfenheit der herrschenden (bürgerlichen) Moral andererseits.[116] Es war notwendig, dies – wie Otto Rühle es tat – von der weltanschaulichen Position des Proletariats unmißverständlich auszusprechen, denn nicht nur bürgerliche Zeitgenossen reagierten mit Abscheu, Verachtung und bestenfalls Mitleid auf die Prostitution.

Arbeiter zeigten ebenfalls wenig Verständnis und übten selten Solidarität mit Prostituierten. Daß Mädchen und Frauen sich auf diese Weise verkauften beziehungsweise verkaufen mußten, werteten sie nicht als besonders perverse Form kapitalistischer Ausbeutung, sondern als individuell verschuldeten Abstieg ins Lumpenproletariat, in die Schicht der Schmarotzer und Arbeitsscheuen, der Kriminellen und Gestrandeten.

Welche persönlichen Erfahrungen und Motive bewegten ehemalige Dienstmädchen und junge Arbeiterinnen,

114 Siehe August Bebel: Die Frau und der Sozialismus, S. 160/161.

115 Siehe ebenda, S. 156.

116 Otto Rühle: Illustrierte Kultur- und Sittengeschichte des Proletariats. Erster Band, S. 453.

sich zu prostituieren? Bebel zitierte als Antwort darauf eine englische Frauenrechtlerin, die gängige Meinungen dazu wiedergab: »›Zufällige Umstände, der Tod eines Vaters, einer Mutter, Arbeitslosigkeit, unzulänglicher Lohn, Elend, trügerische Versprechungen, Verführung, gestellte Netze ...‹«[117]

Ganz ähnlich lauteten die Begründungen für ihren derzeitigen Erwerb, die in einer Befragung Berliner Kellnerinnen (die damals vom sozialen Status her den Prostituierten vergleichbar beleumundet waren) äußerten: »›Weil ich von meinem Herrn ein Kind bekam und verdienen mußte‹«, »›Weil mit Hemdennähen und dergleichen zuwenig verdient wird‹«, »›Weil ich, als Arbeiterin aus der Fabrik entlassen, keine Arbeit mehr bekam‹«, »›Weil der Vater gestorben und noch vier kleine Geschwister da waren‹«.[118]

Es ist nicht daran zu zweifeln, daß überwiegend materielle Not und individuelle Ausweglosigkeit die Hauptgründe für Proletarierinnen waren, ihren Lebensunterhalt in einer als zwielichtig bewerteten Erwerbssphäre zu verdienen. Andererseits und ungeachtet der sozialen Mißbilligung galt eine Laufbahn zum Beispiel im Gaststättengewerbe unter jungen Arbeiterinnen durchaus als attraktiv. Sie wurde als Arbeit angesehen, in der Gewandtheit, Intelligenz, Unternehmungsgeist und persönlicher Charme etwas galten. Viele sahen hier eine Chance, sich emporzuarbeiten, unabhängiger zu leben und mehr zu verdienen, als das mit Fabrik- oder Heimarbeit möglich war. »Biermädchen und dann Kellnerin zu werden«, so hatte Rosa Kempf erfahren, »ist für viele meiner Fabrikarbeiterinnen der Traum ihrer Jugend« gewesen.[119]

Realer Hintergrund dieser Träume war, daß es zur Jahrhundertwende üblich wurde, junge und hübsche Frauen als Bedienungspersonal in Lokalen einzusetzen. Gegen einen solchen Beruf ihrer Mädchen haben viele Arbeitereltern energisch moralische Einwände geltend

117 August Bebel: Die Frau und der Sozialismus, S. 159.

118 Ebenda.

119 Rosa Kempf: Das Leben der jungen Fabrikmädchen in München, S. 57.

gemacht. Was die gesellschaftliche (Ver-)Achtung betraf, standen die Kellnerinnen, wie gesagt, mit den Prostituierten auf einer Stufe. »Etablissements«, Kneipen und Gaststätten mit »Damenbedienung« wurden als getarnte Freudenhäuser angesehen (und zum Teil wohl betrieben). Die dort Arbeitenden mußten zweifellos der Prostitution nahe sein und waren es häufig auch. »Tatsache ist«, so schrieb eine Kellnerin zur Jahrhundertwende über ihre Berufskolleginnen, »daß man sie nicht für voll rechnet. Und wenn man ihnen auch nicht offiziell die bürgerlichen Rechte abspricht, man sieht doch auf sie herab. Die Frauen anderer Berufsklassen rümpfen die Nase über sie, und die Männer behandeln sie wie verkappte Dirnen.«[120]

Weitaus schwerer für die Lebenshaltung der Serviererinnen wog, was 1899 auf einem Kongreß von Sittlichkeitsvereinen über ihre Arbeitsbedingungen zur Sprache kam: »Diese erhalten keinen festen Lohn, sondern sind auf die Trinkgelder angewiesen und außerdem verpflichtet, die Gäste zum Verzehren anzureizen. Die unglücklichen Mädchen sind hierdurch gezwungen, jeden Abend 3–4 Liter Bier zu trinken und werden früher oder später Alkoholiker.«[121]

Zur sozialen Diskriminierung kam also noch das finanzielle Risiko und die gesundheitliche Gefährdung, kam außerdem überlange Arbeitszeit, viel Nachtarbeit bei schwerer körperlicher Belastung. Unter diesen Voraussetzungen gelang es nur wenigen, auf längere Zeit und mit dem angestrebten Erfolg in dieser Branche Fuß zu fassen und ihre »Jugendträume« vom leichteren, interessanteren Dasein einzulösen. Eine echte Alternative zu den geläufigen Berufslaufbahnen junger Arbeiterinnen war der Kellnerinnenberuf nicht.

120 Mieze Biedenbachs Erlebnisse. Erinnerungen einer Kellnerin, Berlin 1906, S. 162/163.
121 Zit. in: Arbeiterinnen kämpfen um ihr Recht, S. 101.

Heiratsabsichten

Mit 15/16 Jahren hatten die meisten Arbeiterinnen ihren ersten Freund, einen »Schatz«, wie sie ihn nannten. Bekanntschaft schloß man auf dem Tanzboden oder in der Fabrik. Mitunter war es auch ein Kollege des Bruders oder ein Schlafgänger der Eltern. Die Mädchen ließen sich »ausführen«, nahmen auch kleinere Geschenke an. Mädchen, die mit »besseren« Herren gingen, sich gar aushalten ließen, wurden von ihren Kolleginnen mit Geringschätzung betrachtet. Die Liebesbeziehungen junger Arbeiterinnen waren wenig vorausschauend und wechselten mehr oder minder schnell. Sie beruhten auf Verliebtheit und sexueller Anziehung. Hatte sich die Zuneigung gegeben, gefiel dem Mädchen ein anderer besser, »ging« sie mit dem.

Auch junge Arbeiterinnen wollten, wie damals die Töchter in allen sozialen Schichten, irgendwann unbedingt heiraten – möglichst einen soliden, gutverdienenden Arbeiter. Frau und Mutter zu werden, das war für ihren ferneren Lebensweg die alternativlose Perspektive. Nur reflektierten sie anders darauf als Dienstmädchen und Töchter, die aus ländlichen, kleinbürgerlichen oder gutbürgerlichen Verhältnissen stammten. Für diese war »Hochzeit« der sehnlich erstrebte Wendepunkt ihres Lebens, die erste und einzige Möglichkeit, von der Autorität der Eltern oder der Dienstherrschaft loszukommen. Für Arbeitermädchen war der Zeitpunkt, selbst eine Familie zu gründen, nicht so sehr der Beginn ihres »eigentlichen« Lebens, sondern auch der Abschluß einer nie wiederkehrenden Phase relativer Unbeschwertheit, die sie möglichst lange ausdehnen wollten. So wurde von Chemnitzer Arbeiterinnen berichtet: »Ich kannte mehrere, deren Schätze sie jederzeit geheiratet hätten, gutgestellte, fleißige Mädchen mit 12 Mark Wochenlohn. ›Ach‹, sagten sie, ›wir sind noch zu jung zum Heiraten, wir warten noch ein paar Jahre, in Sorgen und Krankheit kommt man früh genug‹.«[122] Und auch Münchner Arbeiterinnen hatten diese Einstellung. »Mädchen, die von

122 Minna Wettstein-Adelt: 3 1/2 Monate Fabrikarbeiterin, S. 49.

Kindheit an ihre Mütter eine große Kinderschar mit ungenügenden Geldmitteln, in kleiner Wohnung und ohne jede fremde häusliche Hilfe haben aufziehen sehen, Mädchen, welche die Mühsal des Geborenwerdens und die Mühsal der Kindersterblichkeit so an ihrem eigenen Fleisch haben kosten müssen, fürchten nichts so sehr als einen allzu reichlichen Kindersegen. Solcher häuslichen Arbeitslast gegenüber, welche die Frau Tag und Nacht anspannt, erscheint ihnen die Erwerbsarbeit noch als das kleinere Übel.«[123]

Daß sie die Berufstätigkeit umgehend aufgeben würden, sahen junge Arbeiterinnen zunächst als Bedingung dafür an, die Bürde der Familienpflichten zu übernehmen. »Nicht wenige, ja wohl die Mehrzahl der unverheirateten Frauen in den Fabriken wünschten sich nach der Heirat, spätestens wenn das erste Kind kam, Hausfrauen, eventuell mit Nebenerwerb, zu werden. Ganz offen sagten sie bisweilen: Wozu heiraten, wenn ich weiter arbeiten muß – da habe ich doch ledig ein besseres, weniger gebundenes, mit weniger Hausarbeit überlastetes Leben. Und hatten sie nicht recht?«[124]

Proletarische Mütter verstanden und unterstützten diese Haltung ihrer Töchter. Nicht zuletzt ihre eigenen Lebenserfahrungen hatten gezeigt, was es hieß, jung, unerfahren, ohne die geringste Ersparnis für Hausrat, schon mit ein bis zwei kleinen Kindern einen eigenen Hausstand gründen zu müssen. Eher wurde ein frühes uneheliches Kind der Tochter mit den eigenen aufgezogen, und die junge Mutter lebte weiter zu Hause.

Bei aller Toleranz waren Arbeitereltern dennoch bestrebt, ihre Mädchen vor allzu zeitiger Schwangerschaft zu bewahren. Das war ein weiterer Grund dafür, daß Töchter in den Familien strenger gehalten wurden als ihre Brüder, daß sie weniger Freizügigkeit genossen und seltener wegzogen, um allein zu leben. Diese Obhut war jedoch keineswegs zu vergleichen mit dem behüteten Dasein der Töchter in bürgerlichen Familien. Immerhin

123 Rosa Kempf: Das Leben der jungen Fabrikmädchen in München, S. 46.

124 Jürgen Kuczynski: Geschichte des Alltags des deutschen Volkes. Studien 4, S. 412.

war deren Unberührtheit das wichtigste »Kapital«, überhaupt je standesgemäß zu heiraten. Verlust der Jungfernschaft oder gar ein uneheliches Kind bedeuteten dort eine Schande für die Familie, persönliches Unglück und unweigerlichen sozialen Abstieg für die ledige Mutter. Anders in Arbeiterfamilien: Obgleich auch hier unehelicher Nachwuchs nicht gerade erwünscht war, wurde die Tochter doch nicht verstoßen oder zur Heirat gezwungen, wenn sie ein Kind bekam. Es entsprach den allgemeinen Gepflogenheiten, voreheliche sexuelle Beziehungen einzugehen. Wenn diese nicht folgenlos blieben, so bedeutete das für niemanden etwas Unerhörtes. Allerdings – und auch das unterscheidet die proletarische von der bürgerlichen Lebensart – gehörte es zu den ungeschriebenen Gesetzen junger Arbeiter, ein Mädchen, das man geschwängert hatte, nicht »sitzen zu lassen«. Es mußte nicht vertuscht werden, keiner nahm ernsthaft Anstoß daran, wenn schon vor der Ehe Nachwuchs da war. Ebenso galt es nicht als Hindernis, eine Frau zu heiraten, die schon ein Kind von einem anderen hatte.

Insgesamt legten Arbeiter Wert darauf, ihre Beziehungen zu legalisieren – nicht zuletzt unter dem Druck der bürgerlichen Gesetzgebung, die zum Beispiel Uneheliche benachteiligte, und der Behörden, die Heiratsgesuche ablehnten, wenn »undurchsichtige« Verhältnisse vermutet wurden. Es gab aber auch Bestrebungen, die »Normalität« zu durchbrechen.

Die verheiratete Proletarierin und ihre Familie

Eheanbahnung und Heiratsverhalten

Niemals zu heiraten, ein Leben als alleinstehende Frau, ohne feste Bindung zu führen, Kinder ohne Vater großzuziehen, das wünschte sich um die Jahrhundertwende keine Frau. Diejenigen, die sich dazu gezwungen sahen – Eheverlassene, Geschiedene, Witwen – hatten ein elendes Dasein. Wenn auch junge Proletarierinnen eine Ehe keineswegs so ausschließlich und schicksalsergeben anstrebten, wie bürgerliche Mädchen das mußten, stand auch für sie außer Zweifel, daß sie heiraten wollten. Eine Alternative existierte nicht – weder für diejenigen, die in häuslichen Diensten standen und dies nicht lebenslang wollten, noch für die Arbeiterinnen, die selbständig Lohn empfingen, aber davon nicht leben konnten. Die Möglichkeit, sich aus persönlicher Abhängigkeit zu lösen und auf ausreichender finanzieller Basis »etwas Eigenes zu haben, eine warme Stube, eine Küche, ein Ehebett und ein paar Kinder, denen sie Mutter sein kann«[125], bot allein eine Familiengründung, das Zusammenleben und Wirtschaften mit einem männlichen »Ernährer«. Unter den Bedingungen industrieller Lohnarbeit, in (groß-)städtischen Lebensverhältnissen waren die Kleinfamilie, bestehend aus Mutter, Vater, Kindern, und der entsprechende Einzelhaushalt mit ausschließlich reproduktiven Funktionen zum wichtigsten Ort der

125 Otto Rühle: Illustrierte Kultur- und Sittengeschichte des Proletariats. Zweiter Band, Lahn-Gießen 1977, S. 11.

Lebenserhaltung und der sozialen Geborgenheit geworden.

Sowenig, wie es für Arbeiterfrauen gangbar war, auf Dauer alleinstehend zu existieren, sosehr brauchten auch die Männer eine Frau. Ein Zuhause für ihre alltägliche Versorgung, einschließlich regelmäßiger sexueller Beziehungen und gesicherter Feierabendruhe, war nicht nur ökonomisch günstiger, sondern entsprach zunehmend mehr ihren individuellen Bedürfnissen als das Junggesellendasein mit Schlafstelle, kommerziellen Dienstleistungen und gezwungenermaßen allabendlichem Kneipenaufenthalt. Dieses objektiv bedingte Selbstverständnis familiärer Lebensführung vorausgesetzt, gaben natürlich sexuelle Anziehung, individuelle Liebe und das Bedürfnis nach einer festen Verbindung den Impuls, sich zusammenzutun.

Sehr häufig war bereits ein Kind unterwegs oder schon geboren, wenn junge Arbeiter heirateten. Obwohl dies nichts Außergewöhnliches war, kam es doch aus diesem Grunde zuweilen auch zu überstürzten, später bereuten Verbindungen. Oder ein Paar lebte zunächst ohne Trauschein zusammen und legitimierte das Verhältnis dann, wenn sich Nachwuchs anmeldete. Solche »wilden Ehen« kämen, so wurde argwöhnisch vermerkt, auf Grund »gewisser Anschauungen über die Ehe, die unter den jüngeren sozialdemokratischen Arbeitern üppig wuchern ...« zustande.[126] Aus der Sicht des bürgerlichen Beobachters Otto von Leixner nahm diese Weise der Eheanbahnung dann folgenden Verlauf: »Oft zieht das Mädchen zu seinem ›Bräutigam‹, ›sie geht mit ihm‹, wie man sagt, in eine dürftig eingerichtete Kammer. Tagsüber sind beide in der Fabrik, abends und an freien Tagen leben sie zusammen. Die Folgen bleiben nicht aus; vielleicht weckt die Mutterwürde alle guten Eigenschaften, und es kommt zur bürgerlichen Eheschließung und zu einem geregelten Leben – oder die ›Engelmacherinnen‹ erhalten ein neues Opfer. Selten dauern solche wilden Ehen länger als ein oder zwei Jahre, dann geht das Paar auseinander.«[127]

126 Otto von Leixner: Soziale Briefe aus Berlin, S. 123.
127 Ebenda.

Leixner war nicht der einzige, der solche Verhaltensweisen notierte. Sie waren zuerst in den Großstädten anzutreffen. Für die große Masse junger Arbeiterinnen und Arbeiter galt dennoch, was Otto Rühle über proletarische Eheanbahnung und Heirat äußerte. Er sah hier noch keine eigenständigen Tendenzen, sondern mehr ländliche und handwerkliche Traditionen und kleinbürgerliche Muster. Heirat und Ehe stellten, wie er schrieb, etwas sehr Wichtiges im Leben der Arbeiter dar. Alles verliefe in »ordentlicher Folge«: »... Liebschaft, Verlobung, Brautzeit, Hochzeit mit Kirchensegen ...«[128] »Ordentlich« heißt hier in einer von der herrschenden Kultur aufgeprägten Form.

Tatsächlich hatte die von der bürgerlichen Klasse vorgeführte und als »Idylle« propagierte Familienlebensweise für Arbeiterfrauen eine große Anziehungskraft. Das wünschten sie sich: einen Mann, der ausreichend Geld verdiente, ein »trautes Heim«, in dem sie als Hausfrau und Mutter sorgenfrei »schalten und walten« konnten, und zwar ohne den Druck zusätzlicher Erwerbsarbeit. Als Töchter aus proletarischen Verhältnissen wußten sie sehr genau, aus eigenem Erleben, was wirklich mit einem Arbeiterhaushalt auf sie zukam. Dennoch oder gerade deshalb hatten die meisten den Vorsatz, die vorgezeichneten Bahnen zu verlassen, ein »Familienglück« aufzubauen, wie sie es als Kind nicht erfahren hatten. Ihr Mann sollte kein Trinker werden, sie würden nicht alle zwei Jahre ein Kind bekommen, nicht auf Pump leben und ständig umziehen müssen. Wie aber waren solche guten Vorsätze und Wünsche umzusetzen? Welche Voraussetzungen gab es dafür?

Arbeiter heirateten, wie vergleichende Zahlen belegen, relativ jung. In Preußen betrug 1881 bis 1886 das durchschnittliche Heiratsalter beim männlichen Geschlecht (in Jahren) in[129]:

Bergbau	27,6	Erziehung,	
Fabriken	27,7	Unterricht	29,1
Metallbranche	28	Landwirtschaft	29,6

128 Otto Rühle: Illustrierte Kultur- und Sittengeschichte des Proletariats. Zweiter Band, S. 15.

129 Siehe August Bebel: Die Frau und der Sozialismus, S. 201.

Industrie der Steine	28,2	Verkehrsgewerbe	30
Baugewerbe	28,6	Handel	30,9
Holzindustrie	28,7	Gesundheitspflege, Kirche, Beamte	31,8–33,4
Maschinenfabrikation	29		

Für andere Industriegebiete Deutschlands sind ähnlich lautende Angaben überliefert. In Sachsen zum Beispiel waren um die Jahrhundertwende 90 Prozent der Arbeiter bis zum 30. Lebensjahr verheiratet, 50 Prozent schon bis zum 26. Ihre Frauen waren gleichaltrig oder jünger.[130] Altersunterschiede von 10 bis 20 Jahren, wie sie in bürgerlichen Schichten vorkamen, gab es in Erst-Ehen von Arbeitern kaum. Sie konnten zeitiger heiraten als Angehörige der besitzenden Klasse, die ein Examen, eine Karriere oder eine Erbschaft abwarten mußten, ehe sie um die Hand ihrer Zukünftigen anhalten durften. Das »Heiratskapital« von Proletariern bestand im Arbeitsvermögen von Mann und Frau, und dieses hatte im Alter von 20 bis 25 Jahren bereits seinen Höhepunkt erreicht. Ökonomische Gründe zu warten, wenn man sich einig war, gab es also keine. Immer weniger störten auch religiöse oder familiäre Vorbehalte und Rücksichten. Bei der Entscheidung für einen Partner spielten neben der augenblicklichen Sympathie und Liebe füreinander ebenso Ansprüche an Charakter und Fähigkeiten eine Rolle, mit denen auf Dauer das erträumte Familienglück zu realisieren wäre: Solide und treu, kräftig und gesund, fleißig und ordentlich, praktisch und sparsam sollte der oder die Auserwählte sein.

Die proletarische Hauswirtschaft

Start ins Familienleben

Die wenigsten jungen Arbeiter bereiteten sich zielstrebig auf eine Familiengründung vor. Typisch war, was Moritz Bromme dazu äußerte: »Ich hatte mir rein gar

130 Siehe Heidi Rosenbaum: Formen der Familie, Frankfurt (Main) 1982, S. 430.

nichts gespart ... und so war es denn ein Glück, daß meine Frau wenigstens das Nötigste hatte ...«[131] Familie Bromme fing im Jahre 1895 an zu »wirtschaften« – mit etwas Wäsche, einem Bett, einer Kommode, einem Sofa und einem Tisch mit vier Stühlen. Einen Regulator bekamen sie geschenkt. Einen Sofatisch, einen Kleiderschrank, einen Küchenschrank, einen Spiegel und einen Waschtisch nahmen sie noch auf Abzahlung, die sie jahrelang finanziell belastete.[132] Insgesamt war das eine verhältnismäßig reichliche Möblierung. Die Grundausstattung von Metallarbeitern in Esslingen am Neckar im gleichen Zeitraum bestand dagegen höchstens aus einem Bett, einigen Sitzgelegenheiten, ein bis zwei Tischen und einem Schrank, ein wenig Küchenzubehör und manchmal einem Spiegel.[133] Bei jungen Paaren in Berlin fand »man wohl die eleganten Nußbaumbettstellen, Tisch und Stühle und vielleicht auch einen Kleiderschrank und Spiegel bekannter Berliner Schleuderfabrikation ..., aber sonst einen kläglichen Mangel am wichtigsten Hausrat«.[134]

131 Moritz Theodor William Bromme: Lebensgeschichte eines modernen Fabrikarbeiters, S. 219.

132 Siehe ebenda, S. 219/220.

133 Siehe Heilwig Schomerus: Lebenszyklus und Lebenshaltung in Arbeiterhaushalten. In: Werner Conze/Ulrich Engelhardt: Arbeiter im Industrialisierungsprozeß. Herkunft, Lage, Verhalten, Stuttgart 1979.

134 Gertrud Dyhrenfurth: Die hausindustriellen Arbeiterinnen, S. 29.

Ohne Schulden einen eigenen Hausstand zu begründen glückte nur, wenn Ersparnisse vorhanden waren. Bei Arbeitern waren es, wenn überhaupt, die Frauen, die etwas »in die Ehe brachten«. Das war nicht etwa eine »Mitgift« der Eltern; sie selbst hatten vielmehr eine kleine Wäscheaussteuer zusammengetragen oder etwas Geld für Hausrat und Möbel zurückgelegt. Das zählte um so mehr, als nur in den ersten Ehejahren, wenn noch keines oder nur ein Kind zu ernähren war, bleibende Anschaffungen für den Haushalt und die Wohnung gemacht werden konnten. Alles, was zusätzlich an Einrichtung und Betten gebraucht wurde, mußte mühsam auf Teilzahlung, meist unter Verzicht auf Kleidung und Nahrung, erworben werden. Mitunter wurden die früher gekauften Dinge (bessere Kleidung, Schmuck, Uhren) auch im Leihhaus versetzt und bildeten so den Notgroschen der Familie.

Ökonomische Bedingungen

Die künftige finanzielle Situation und die Bedingungen der Hauswirtschaft und des Wohnens hingen also in nicht geringem Maße von der Ausgangssituation bei der Familiengründung ab. In ihrer Untersuchung über die wirtschaftliche und soziale Lage von Arbeiterfrauen in Hamborn, einer Industriestadt im Ruhrkohlerevier, hat Li Fischer-Eckert 1913 vier qualitative Stufen der Haushaltung unterschieden und sie indirekt in bezug auf die Anstrengungen der Arbeiterhausfrauen definiert:

1. Die Familien lebten ohne Luxus, aber auch ohne Entbehrungen, hatten ein normales, auskömmliches Dasein, ein behagliches Heim.
2. Nur mit äußerster Kraftanstrengung der Frau, oft auf Kosten von deren Gesundheit, war die Lebenshaltung – Nahrung, Wohnung, Kleidung – in den Grenzen des Auskömmlichen zu halten.
3. Es bestand noch der feste Wille guter Haushaltsführung, aber die Familie war den ungünstigen Lebensverhältnissen unterlegen.

4. Die Haushaltung war völlig unzureichend und verwahrlost.[135]

Diese Klassifizierung gibt nur ein vereinfachendes Schema der Vielfalt der Lebensumstände, die in Hamborner Bergarbeiterfamilien zu beobachten war, wieder. Die möglichen Daseinsqualitäten, die sie skizziert, konnten jedoch (mit allen Übergängen) im Leben jeder Proletarierfamilie auftreten. Die deutlichen graduellen Unterschiede in der Lebenshaltung von Lohnarbeiterfamilien hatten zunächst objektive Ursachen: Gelernte Arbeiter verdienten mehr als ungelernte, solche in ländlichen Gebieten weniger als großstädtische. Die Textilindustrie entlohnte insgesamt schlechter als die Metallindustrie oder der Bergbau. In einigen Gewerben wieder waren Krisen und Arbeitslosigkeit häufiger als in anderen. Lohnvergleiche um die Jahrhundertwende weisen eine Spannbreite des Wochenlohnes männlicher Arbeiter von 15 bis 30 Mark[136] – nach damaliger Formulierung von »unauskömmlichem« bis »gut auskömmlichem« Einkommen – aus.

Von der Lohnhöhe und der Vollbeschäftigung des »männlichen Ernährers« hing primär ab, wieviel Wirtschaftsgeld die Familie hatte und ob Frau und Kinder dazuverdienen mußten – das heißt auch, wie groß die Wohnung, wie hoch die Qualität der Nahrung sein konnten und wieviel Zeit zur Haushaltsführung blieb.

Charakter und Inhalt der Hausarbeit

Wesentliche Voraussetzung dafür, daß die finanziellen Einkünfte in bestimmte Lebens-(Reproduktions-)bedingungen umgesetzt werden konnten, also wirklich konsumierbar, erlebbar wurden, waren die Versorgungsleistungen der Frauen. Zeitgenössische Studien zur Lebenshaltung von Arbeitern sprechen direkt vom »haus-

135 Siehe Li Fischer-Eckert: Die wirtschaftliche und soziale Lage der Frauen in dem modernen Industrieort Hamborn im Rheinland, Tübingen 1913, S. 78.

136 Siehe Gustav Brutzer: Die Verteuerung der Lebensmittel in Berlin, S. 56.

Zu einem ordentlichen Hausstande sind

a. unbedingt notwendig: auch bei den beschränktesten Mitteln.

I. Möbel.

	M.	Pf.
1. Ein Tisch für's Wohnzimmer	10	—
2. Ein kleiner Tisch . . .	6	—
3. Vier Stühle	6	80
4. Eine Bettlade	19	—
5. Eine Kommode . . .	24	—
6. Ein Küchenschrank . .	12	—
7. Ein Ofen mit 2 Löchern	36	—
8. Eine Kesselbank . . .	2	50
9. Ein Wandbrett . . .	2	—
10. Ein Kleiderbrett . . .	2	20

II. Küchengeräthe.

	M.	Pf.
1. Ein Kohlenbecken mit Löffel	3	—
2. 2 Ofenringe und Stocheisen	2	20
3. Ein Wasserkessel . . .	7	—
4. Zwei eiserne Kessel . .	3	40
5. Eine Kuchenpfanne . .	2	—
6. Zwei irdene Kochtöpfe .	—	80
7. Vier steinerne Töpfe .	1	—
8. Ein irdener Durchschlag	—	30
9. Ein steinerner Wasserkrug	2	—
10. Schüssel und Teller . .	4	—
11. Messer, Gabeln und Löffel	4	—
12. Kaffekanne, Tassen, Gläser	5	—
13. Eine Kaffemühle . . .	2	50
14. Eine Petroleumlampe .	2	50
15. Zwei Eimer und 2 Bütten	7	—
16. Haarbesen, Schrubber, Bürsten	4	—
17. Zwei Gemüsetonnen . .	4	—
18. Ein Bügeleisen mit Bolzen	8	—

III. Bettzeug und Wäsche.

	M.	Pf.
1. Strohsack u. Unterbett von Flocken	20	—
2. Kissen u. Pülven v. Federn	15	—
3. Oberbett von Flocken .	15	—
4. Bettdecken	10	—
5. Drei Paar Leintücher .	18	—
6. Drei Paar Ueberzüge .	8	—
7. Tisch und Handtücher .	6	80
8. Verschiedene kleinere Sachen	4	—
Mark	280	—

b. wünschenswerth: noch zu dem unter a. Aufgeführten.

I. Möbel.

	M.	Pf.
1. Ein Sopha	45	—
2. Vier bessere Stühle . .	21	—
3. Ein Glasschrank . . .	30	—
4. Ein Kleiderschrank . .	36	—
5. Ein Waschtisch	10	—
6. Eine Nachtkommode . .	8	—
7. Ein Spiegel	6	—
8. Eine Wanduhr . . .	10	—
9. Ein Küchenheerd . . .	45	—
10. Eine Anricht	18	—

II. Küchengeräthe.

	M.	Pf.
1. Ein Suppenkessel . . .	4	10
2. Ein Bratkessel	1	50
3. Ein Kaffeebrenner . .	3	—
4. Ein Blechsieb	3	—
5. Eine Kartoffelreibe . .	—	50
6. Gewürzdosen	2	—
7. Salzmörser	1	—
8. Eine Kaffeeservice . .	10	—
9. Schüssel und Teller . .	20	—
10. Messer, Gabeln und Löffel	9	—
11. Ein Messerkörbchen . .	1	—
12. Eine Zimmerlampe . .	3	—
13. Waschkumpen ꝛc. . . .	6	—
14. Ein Blecheimer . . .	3	—
15. Waschkörbe	8	—
16. Handstauber und Schaufel	1	50
17. Verschiedene kleinere Sachen	10	—

III. Bettzeug und Wäsche.

	M.	Pf.
1. Eine Sprungfeder-Matratze	27	—
2. Eine Pferdehaar-Matratze	45	—
3. Ein Oberbett von Federn	24	—
4. Bessere Decken	20	—
5. Sechs Paar Leintücher .	36	—
6. Ein halbdutzend Tischtücher	18	—
7. Ein Dutzend Handtücher	7	—
8. Verschiedene kleinere Sachen	4	40
Mark	500	—

wirtschaftlichen Beruf« der Frauen und betonen nachdrücklich dessen gesamtgesellschaftliche ökonomische Bedeutung. »Die alleinstehende Frau, die, etwa von einer Rente lebend, nur die eigene Person versorgt, ... gehört, volkswirtschaftlich gesprochen, nicht zu den Arbeitskräften der Hauswirtschaft.«[137] Mann und Kinder versorgen, Arbeitskraft erhalten und vermehren – das wurde von sachkundigen bürgerlichen Ökonomen als schwierige, vollwertige Arbeit bewertet, die sozialökonomisch den kontinuierlichen Einsatz einer großen Zahl von Arbeitskräften in der kapitalistischen Industrie erst möglich machte.

Nach Rosa Kempf führten Frauen mit Nebenerwerb »durchschnittlich einen Haushalt von 6,4 Personen, die Frauen ohne Erwerb gar Haushaltungen mit durchschnittlich 7,2 Personen, darunter durchschnittlich in jedem Haushalt 4–5 Erwachsene«[138]. Angesichts des damit verbundenen Arbeitsaufwandes könne keineswegs davon die Rede sein, daß die »nur« im Haushalt Arbeitenden von ihren Angehörigen »ernährt« würden. Vielmehr sei die Entscheidung, die Mutter von Lohnarbeit »freizustellen«, eine rechnerisch oft ganz genau erfaßte Arbeitsteilung: »... was Söhne und Töchter an Geld ausgeben müßten, wenn sie von Fremden ihre Wäsche reinigen und ihre Kleider flicken lassen, bei Fremden Wohnung bezahlen und Kost nehmen, das können sie jederzeit auf den Pfennig bei ihren Bekannten feststellen und sich dadurch auch darüber vergewissern, wieviel sie bei gemeinsamer Wirtschaft ersparen. Die Mutter wird in solchen Familien zu einer Haushälterin für die sämtlichen erwerbenden Familienmitglieder und auch der Ehemann fügt sich dann immer mehr diesem Rahmen ein. Aber welche Arbeit leisten solche Frauen!«[139]

Der Respekt vor der persönlichen Tüchtigkeit proletarischer Hausfrauen, der hier anklang, wurde von denen geteilt, die sich wissenschaftlich mit den familiären Lebensbedingungen der Lohnarbeiter beschäftigt hatten. Die allgemeine soziale Wertschätzung solcher Arbeit oder auch nur die Anerkennung durch die Familienangehörigen entsprach diesem nicht annähernd. Bei aller Notwendigkeit dieser arbeitsteiligen Leistung wurde sie

137 Gertrud Bäumer: Die Frau in Volkswirtschaft und Staatsleben der Gegenwart, Stuttgart und Berlin 1914, S. 7.

138 Rosa Kempf: Das Leben der jungen Fabrikmädchen in München, S. 42.

139 Ebenda, S. 45.

doch als selbstverständlicher »Liebesdienst« hingenommen.

Eine vielköpfige Familie (mit durchschnittlich 4 bis 6 Personen) allein, ohne technische Geräte, in räumlicher Enge unter dem Diktat größter Sparsamkeit zu versorgen, das war Schwerstarbeit ohne Feierabend, ohne Ende.

Bemerkenswerter noch als die physischen Anstrengungen waren die immensen organisatorischen Leistungen, die den Frauen bei der Regelung der Familienökonomie abverlangt wurden. Um den »rückständigsten aller Kleinbetriebe«, wie Rühle den Arbeiterhaushalt nannte[140], aufrechtzuerhalten, bewältigte die Frau ein vielstündiges alltägliches Arbeitspensum mit sich ständig wiederholendem Ablauf und gleichen Tätigkeiten. Als »mitfühlender« Mann schilderte der Schriftsteller Gerhard von Amyntor den langsamen »Opfertod« der deutschen Hausfrau bei der Erfüllung ihrer Pflichten. Bebel zitierte ihn als ernst zu nehmenden Zeitzeugen. Das Bild, das er entwarf, schwankt zwischen Pathos und Ironie. Es ist, was den Charakter der Hausarbeit und den Lebenszuschnitt (Kulturzustand) der Hausfrau angeht, jedoch nicht falsch: »›Nicht die erschütternden Ereignisse, die für keinen ausbleiben, und hier den Tod des Gatten, dort den moralischen Untergang eines geliebten Kindes bringen, hier in langer schwerer Krankheit, dort in dem Scheitern eines warm gehegten Planes bestehen, untergraben ihre (der Hausfrau) Frische und Kraft, sondern die kleinen, täglich wiederkehrenden, Mark und Knochen auffressenden Sorgen ... Wie viele Millionen braver Hausmütterchen verkochen und verscheuern ihren Lebensmut, ihre Rosenwangen und Schelmengrübchen im Dienste der häuslichen Sorgen, bis sie runzlige, vertrocknete, gebrochene Mumien geworden sind. Die ewig neue Frage: ›Was soll heute gekocht werden‹, die immer wiederkehrende Notwendigkeit des Fegens und Klopfens und Bürstens und Abstäubens ist der stetig fallende Tropfen, der langsam aber sicher, Geist und Körper verzehrt. Der Kochherd ist der Ort, wo die traurig-

140 Otto Rühle: Illustrierte Kultur- und Sittengeschichte des Proletariats. Zweiter Band, S. 43.

sten Bilanzen zwischen Einnahme und Ausgabe gezogen, die deprimierendsten Betrachtungen über die steigende Verteuerung der Lebensmittel und die immer schwieriger werdende Beschaffung der nötigen Geldmittel angestellt werden. Auf dem flammenden Altar, wo der Suppentopf brodelt, wird Jugend und Unbefangenheit, Schönheit und frohe Laune geopfert, und wer erkennt in der alten kummergebeugten, triefäugigen Köchin die einst blühende, übermütige, züchtig-kokette Braut in dem Schmucke ihrer Myrtenkrone?‹«[141]

Wenn es die bürgerliche oder kleinbürgerliche Hausfrau gerade so schaffen konnte, »das Haus behaglich, den Tisch gedeckt und die Familie gesund zu erhalten«[142], führte die Arbeiterfrau einen fast aussichtslosen »ununterbrochenen Kampf, bei dem es mehr Niederlagen als Siege« gab[143].

Historisch schon mögliche, bereits im Wohnkomfort enthaltene technische Erleichterungen der Hausarbeit standen ihr kaum zur Verfügung. Zwar gab es um 1900 in den Häusern der großstädtischen Arbeiterbezirke Wasserleitungen und Kanalisation, elektrisches Licht und Gasherde. Niemals jedoch wohnten Arbeiter in Wohnungen mit Zentralheizung, Warmwasserversorgung und Badezimmern. Hilfreiche Haushaltsgeräte und Haushaltschemikalien waren noch sehr teuer. In »Plättkellern« und »Waschanstalten« käufliche Dienstleistungen kamen für Arbeiterhaushalte erst recht nicht in Betracht.

Beispiel: »Große Wäsche«

Als schlimmste Belastung wurde in einer Befragung von Wiener Arbeiterfrauen (1896) das Wäschewaschen angegeben.[144] Diese Arbeit sollte, wie ein Haushaltungs-

141 August Bebel: Die Frau und der Sozialismus, S. 117.
142 Ebenda.
143 Gertrud Bäumer: Die Frau in Volkswirtschaft und Staatsleben der Gegenwart, S. 15.
144 Siehe Josef Ehmer: Frauenarbeit und Arbeiterfamilie in Wien. In: Geschichte und Gesellschaft (Göttingen), 7(1981) 3/4, S. 458.

buch Arbeiterhausfrauen empfahl, unbedingt schon Montag erledigt werden, daß der Dienstag zum Bleichen, der Mittwoch zum Nähen und Flicken, der Donnerstag zum Bügeln, der Freitag zum Nähen, Stricken oder Stopfen und der Samstag zum Einkaufen und Putzen bleibe.[145] »Wird das Waschen von einer Woche auf die folgende verschoben, dann ist die Arbeit für eine Hausfrau, die keine Magd und keine Aushülfe haben kann, zu groß, alle übrigen Arbeiten müssen drunter leiden und die größte Unordnung im Hauswesen ist die nöthige Folge. Der Mann findet bei der Heimkehr von der Arbeit noch Bütten, Wäsche, Seifengeruch überall im Wege, findet das Essen nicht zeitig oder schlecht zubereitet und wird mißmuthig und bös gelaunt.«[146]

An den »empfohlenen« Wochenablauf und die Mahnung, mit der Wäsche nicht etwa den Mann zu belästigen, konnten sich bestensfalls »Nur-Hausfrauen« halten. Ganz anders sah es aus, wenn die Frau erwerbstätig war. Sie weichte und kochte ständig Wäschestücke in ihrer Küche und benutzte nur alle zwei bis drei Wochen einen ganzen Sonntag für die »große Wäsche«. Einen lebensnahen Eindruck davon, unter welchen Umständen diese »Arbeitsspitze« im Proletarierhaushalt bewältigt werden mußte, gibt Brommes Schilderung vom Waschtag in seiner Familie: »Sonnabend Abend fängt die arme Frau schon mit der Sache an und wäscht bis Mitternacht. Früh um 4 Uhr, spätestens 1/2 5 Uhr steht sie dann schon wieder am Bottich, um noch etwas fertigzubringen, bevor die Kinder erwachen. Will eins derselben trotzdem zeitig heraus, so wird die Mutter böse, weil sie dann von der Arbeit weglaufen muß. Geschieht es dennoch, so müssen sie wenigstens, nur mit dem allernotdürftigsten bekleidet, auf der Küchenbank sitzen bleiben, bis alle zur Stelle sind; dann wird schnell Kaffee getrunken, die Kinder werden gewaschen und angezogen, und nun gehts wieder über die Wäsche her. Mit einer kurzen Unterbrechung zur Bereitung der Mittags-

145 Siehe: Das häusliche Glück. Vollständiger Haushaltungsunterricht nebst Anleitung zum Kochen für Arbeiterfrauen, München-Gladbach und Leipzig 1882, S. 47.
146 Ebenda.

mahlzeit, ist dann meine Frau unausgesetzt bis zum Abend tätig, um endlich totmüde ihr Lager aufzusuchen. Wenn ich an solchen Sonntagen Versammlung habe, zieht gewöhnlich schlecht Wetter am ehelichen Himmel herauf, ebenso schlechtes wie bei der Erörterung von Finanzfragen.«[147]

Für Bromme erübrigte es sich hinzuzufügen, daß nach einem so arbeitsintensiven Sonntag für seine Frau eine ebenso ausgelastete Arbeitswoche folgte.

Wäschewaschen, Putzen, Scheuern, Aufräumen waren kräftezehrende und zeitraubende Tätigkeiten und bei Familien mit vielen Kindern besonders umfangreich und notwendig einerseits, wie nie endend andererseits. Die Aufmerksamkeit und auch die Wertschätzung solcher Tätigkeiten nahm erst zu, als gut verdienende Arbeiter begannen, ihre Wohnungen besser auszustatten und zu schmücken, als sie sich mehr Kleidung leisten und vielfältiger kochen konnten.

Größtes Problem: Haushaltsgeld

Das Primat bei den Hausfrauenpflichten hatte jedoch nicht das Putzen, sondern immer die Beschaffung und Zubereitung der Nahrung. Unmittelbar damit verbunden war die schwierigste Leistung – die Einteilung des Haushaltsgeldes. Die Verwaltung des Familienbudgets, das durch die »Abgaben« der verdienenden Haushaltsmitglieder zusammengekommen war, lag bei proletarischen Familien vollständig in den Händen der Frauen. Die Verantwortung bestand in erster Linie darin, daß das Geld bis zur nächsten Lohnzahlung unbedingt für die Ernährung reichen mußte und daß nach Möglichkeit noch andere Dinge bezahlt werden konnten. Sie schloß weiterhin ein, daß die Frau zugunsten der anderen Familienmitglieder weniger konsumierte und, wenn es überhaupt nicht reichte, durch eigene Lohnarbeit zusätzlich Geld beschaffen mußte.

Die finanzielle Seite ihrer Arbeit beherrschte das Den-

147 Moritz Theodor William Bromme: Lebensgeschichte eines modernen Fabrikarbeiters, S. 362/363.

Mittags-Mahlzeiten für 4 Erwachsene in sehr dürftigen Verhältnissen.

	Nach Recept:	Nr. 10. Für Sommer und Herbst			
Sonntag	Nr. 33 Seite 166		Frischer Kohl (Kappus)	10 Pf.	45 Pf.
	Nr. 82 Seite 180	5 Pfd.	Kartoffeln	15 „	
			Schweinspfoten ...	20 „	
Montag	Nr. 27 Seite 165		Möhren oder Rüben .	12 Pf.	52 Pf.
	Nr. 40 Seite 168	5 Pfd.	Kartoffeln	15 „	
		1/2 „	Blut- oder Leberwurst	20 „	
			Fett zum Gemüse . .	5 „	
Dienstag	Nr. 36 Seite 167	2 Pfd.	grüne Bohnen in Suppe	14 Pf.	33 Pf.
		5 „	Kartoffeln	15 „	
		2 „	frische Schweineknochen	4 „	
Mittwoch	Nr. 66 Seite 175		Feld- oder Kopfsalat .	5 Pf.	39 Pf.
	Nr. 52 Seite 172	8 Pfd.	Kartoffeln	24 „	
			Specksauce	10 „	
Donnerstag	Nr. 43 Seite 169	1 Pfd.	weiße Bohnen	16 Pf.	38 Pf.
		4 „	Kartoffeln	12 „	
			Möhren	6 „	
		2 „	frische Schweineknochen	4 „	
Freitag	Nr. 20 Seite 162	1 1/2 Pfd.	Erbsen in Suppe . .	25 Pf.	46 Pf.
		6 „	Kartoffeln	18 „	
			in Oel gebratene Zwiebel	3 „	
Samstag	Nr. 24 Seite 168	6 Pfd.	Kartoffeln in Suppe .	15 Pf.	38 Pf.
	Nr. 88 Seite 182	1 Lit.	Wurstbrühe	3 „	
		1 1/2 Pfd.	Panhas	20 „	
					2,91 Pf.

ken und Handeln der Hausfrauen ganz und gar. Es war eine schier unlösbare Aufgabe, bei wöchentlichen beziehungsweise vierzehntäglichen, immer zu knappen Lohnzahlungen und ständigen Preisschwankungen keine Schulden zu machen. Vorräte aus preiswerten Angeboten der Geschäfte konnten aus Geld- und Platzmangel nie angelegt werden.

So beschrieb ein Ökonom die Einkaufssituation: »Die Wege zum Markt und zu den Großhandlungen sind weit und die Arbeiterfrau kann ihre kleinen Kinder nicht solange allein lassen, als zu solchen Wegen erforderlich ist. Sie kauft daher beim Kleinkrämer in der Nähe sowohl Gemüse, Butter, Eier ... und muß hohe Preise um so mehr zahlen, als sie auch von allem nur kleinste Mengen einkauft und einkaufen kann.«[148] Und was vielleicht noch wichtiger war: Im kleinen Laden um die Ecke konnte man »anschreiben« lassen. Nur gutsituierte Arbeiterfrauen kauften in den Läden der Konsumvereine, denn hier mußte immer bar bezahlt werden. Dafür war das Angebot besser und preiswerter, kam aber denjenigen, die das wenigste Geld zum Verzehr hatten, nicht zugute, weil sie zu oft auf Kredit angewiesen waren. Sie lebten also teurer, obwohl sie weniger zu verbrauchen hatten – ein Widerspruch, den die einzelne Frau nicht zu lösen vermochte.

Die Ausgaben für Ernährung standen bei allen Arbeiterfamilien, gleich welcher Einkommensgruppe, im Vordergrund. Erst in großem Abstand folgten die Beträge für Wohnungsmiete, Bekleidung, Hausrat, Möbel, Heizung, Licht, Bildung, Erholung, Gesundheits- und Körperpflege sowie Fahrgeld.

Ein Vergleich der Haushaltsausgaben Berliner Arbeiter (1903) ergab folgende Rangfolge der Ausgaben[149]:

1. Nahrung	49,70 %
2. Miete, Heizung, Beleuchtung	20,31 %
3. Kleidung	8,10 %
4. Genußmittel	5,99 %
5. Gesetzlich pflichtmäßige Ausgaben	3,65 %
6. Fahrten	1,98 %
7. Reinigen	0,64 %

Für Fleisch, Fleischwaren, Fett, Brot und Alkohol wurde

148 Max May: Zehn Arbeiter-Budgets, deren Sieben nur mit Zuschüssen des Arbeitgebers bilancieren, S. 69.

149 Siehe Gustav Brutzer: Die Verteuerung der Lebensmittel in Berlin, S. 2.

das meiste Geld ausgegeben. Der Anteil der Ausgaben für Ernährung und Genußmittel lag überall bei 50 bis 70 Prozent der Gesamtbudgets.[150] Quantitativ standen Kartoffeln an der Spitze der verzehrten Lebensmittel. 8 bis 10 Zentner im Jahr galten als Richtwert; je kinderreicher die Familie, desto höher der Verbrauch. Noch bis zur Jahrhundertmitte waren Kartoffeln, Roggenbrot und Hülsenfrüchte die hauptsächlichen »Volksnahrungsmittel« gewesen und in ländlichen Gegenden weiterhin geblieben. Industriearbeiter jedoch benötigten zur Regeneration ihrer mehr psychisch und geistig beanspruchten Arbeitskraft leichtverdauliche, nährstoffreiche und schmackhafte Kost. Dazu gehörten Fleisch, helles Brot, Zucker, Gemüse, Obst und Milchprodukte.

Für die städtischen proletarischen Haushaltungen entfiel jegliche Eigenproduktion, alles mußte gekauft werden. Das Lebensmittelangebot, auch die Auswahl an billigen Ersatzstoffen wie Margarine, Zichorie, Sirup, Freibankfleisch wurde zur Jahrhundertwende immer reichhaltiger. Geschäfte, Märkte, Hallen boten es in den Großstädten täglich frisch an. Besonders verlockend wirkten die Produkte in den »Kolonialwarenläden«: Kaffee, Tee, Kakao, Schokolade, Südfrüchte. Von diesen Genußmitteln kauften Arbeiterfrauen mit Ausnahme des Kaffees kaum etwas. Dieser jedoch spielte im alltäglichen Verzehr ihrer Familien eine gewichtige Rolle. Besonders bei den Frauen erfreute er sich großer Wertschätzung. Oft genug bildete er den »Ersatz« für ausreichende Nahrung und war darüber hinaus das einzige Anregungs- und Genußmittel, das auch sie für sich beanspruchten. Auf Bohnenkaffee völlig verzichten zu müssen, das kam schon fast einer Bankrotterklärung der Famlienökonomie gleich.

Als Gradmesser der Lebenshaltung zählte bei Arbeitern der Fleischkonsum. Er war im Rahmen der Volksernährung während des ganzen 19. Jahrhunderts ständig gestiegen, stagnierte aber zur Jahrhundertwende. In zunehmendem Maße wurde Fleisch zum notwendigen

150 Siehe Lothar Schneider: Der Arbeiterhaushalt im 18. und 19. Jahrhundert. Dargestellt am Beispiel des Heim- und Fabrikarbeiters, Berlin 1967, S. 122.

Nahrungsmittel für Industriearbeiter, weil es die Regeneration der Kräfte am besten und schnellsten gewährleistete. Obwohl auch bei Arbeitern der Fleischverbrauch wuchs, blieb die Versorgung damit bis ins 20. Jahrhundert hinein unzureichend. Nicht nur in einkommensschwachen Familien mußte häufiger darauf verzichtet werden, weil es zu teuer war. In den meisten Arbeiterfamilien kam nur sonntags für alle ein Fleischgericht auf den Tisch.

Wichtigste Aufgabe: Versorgung des Mannes

Die zunehmende Vielfalt verfügbarer Lebensmittel und das wachsende Bedürfnis nach Abwechslung stellten an die Hausfrauen auch differenziertere Anforderungen bei der Zubereitung der Speisen. In Arbeiterhaushalten wurde *täglich* mindestens eine warme Mahlzeit gekocht, denn es gab weder Schul- noch Kantinenversorgung. Alles, was die Männer im Laufe des Tages an Nahrung brauchten, nahmen sie entweder früh mit zur Arbeit (das Mittagessen mußte also bereits »vorgekocht« sein), beziehungsweise Frau oder Kinder brachten es zur Mittagspause in die Fabrik, in die Werkstatt oder auf die Baustelle. Kurz zur Mahlzeit nach Hause zu eilen war in industriellen Verhältnissen unmöglich geworden. Streng kontrollierte und knapp bemessene Pausen in den Betrieben sowie weite Arbeitswege standen dem entgegen. Viele Männer aßen dann abends nochmals »warm«. In jedem Fall mußte das Essen pünktlich fertig sein.

Den Mann zuverlässig, reichlich und gut zu versorgen war die wichtigste Aufgabe der Arbeiterfrau, hinter der alles andere zurückstand. Viele Zeitzeugnisse, autobiographische wie soziologische, reflektieren einhellig eine Hierarchie innerhalb der Familien, was die Ernährung betrifft. Als unangefochtene Tatsache wird berichtet, daß der Mann und Vater das meiste und das Beste bekam – bekommen mußte, weil vom Erhalt seiner Leistungsfähigkeit die Existenz der Familie abhing. Ideologisch unterlegt war dieses aus dem Mangel resultierende Verhal-

»Wer kriegt'n von Vatas Wurscht de Pelle?«,
ließ Zille die kleine Essenträgerin fragen.

ten von der verbreiteten Ansicht, daß Frauen weniger brauchten, von »Natur aus« geringere Bedürfnisse hätten. Oder es wurde als »liebevolle Sitte« bezeichnet, daß Frauen und Töchter zugunsten der Männer und Söhne zurückstanden. Sie aßen nicht nur (konstitutionell bedingt) weniger, sondern vor allem minderwertigere Speisen. Nur durch diese Einschränkung war in vielen Familien die einigermaßen befriedigende Ernährung der Männer zu sichern. Und es saßen »innerhalb derselben Familie neben einem kräftigen, gut genährten Mann eine unterernährte Frau und unterernährte Kinder«[151]. Andere Untersuchungen bestätigten diesen Tatbestand und führten den unzureichenden Ernährungs- und Allgemeinzustand von Arbeiterfrauen, ihre größere Anfälligkeit für Krankheiten, ihr frühes Altern nicht nur auf Überarbeitung, sondern ebenso auf Eiweißmangel, bedingt durch den nahezu völligen Verzicht auf Fleisch, zurück. An der Verteilung der in Arbeiterhaushalten verfügbaren, insgesamt minimalen Fleischnahrung konnte die Nahrungshierarchie in den Familien besonders zugespitzt deutlich gemacht werden.

»... den Löwenanteil erhält selbstverständlich der Vater, ihm folgen die erwerbenden Söhne, dann die erwerbenden Töchter; die paar noch verbleibenden Zipfelchen oder auch *nichts* fallen der erwerbslosen Hausmutter und den Schulkindern zu. Nur, wo die Hausmutter erwirbt, herrscht eine größere Demokratie bei der Verteilung dieses Nahrungsmittels.«[152]

Und nicht allein in bezug auf das begehrte Fleisch, sondern für den gesamten Nahrungsspielraum einschließlich möglicher Genußmittel wurde diese Rangordnung eingehalten. Einige Ausführungen Brommes illustrieren das: »Ich will nämlich hier gleich bemerken, daß ich nicht zum Margarineessen zu bewegen bin. Ich esse Kuhbutter, die Frau mit den Kindern Margarine. Manchmal hat sie mich dennoch beschummelt.«[153]

151 Rosa Kempf: Das Leben der jungen Fabrikmädchen in München, S. 23.

152 Ebenda, S. 152.

153 Moritz Theodor William Bromme: Lebensgeschichte eines modernen Fabrikarbeiters, S. 351.

»Sonnabends, wenn es Geld gab, leistete ich mir auch manchmal kulinarische Genüsse, für 20 Pfennige gekochten Schinken oder für 20 Pfennige Roquefortkäse, oder eine Büchse Ölsardinen für 38–45 Pfennige, oder ein Paar Frankfurter Brühwürstchen. Einmal sogar verstieg ich mich zu einem Viertelpfund Lachs.«[154]

Bromme hielt sich für einen »guten Vater«, denn er gab seinen Kindern etwas ab, machte es nicht »wie manche Leute, die Leckereien essen, wenn ihre Kinder zu Bette sind«[155]. Die Skala, besondere Bedürfnisse geltend zu machen, war mannigfaltig. Es gab Männer, die immer Butter, stets die größte Fleischportion und Leckerbissen für sich beanspruchten, und solche, die mehrere gekochte Mahlzeiten verlangten, während Frau und Kinder sich mit Kaffee und Brot begnügten.[156] Es wird von Familien berichtet, in denen der Mann seinen ganzen Lohn selbst verzehrte, während die Frau sich und die Kinder mit ihrem Erwerb durchbringen mußte, mitunter sogar den Mann noch ernährte, weil dieser alles Geld für Alkohol und Tabak verbrauchte.

Die gängige Reaktion zeitgenössischer Betrachtungen zur proletarischen Lebensweise bestand in der moralischen Disqualifizierung der Männer. Bittere Vorwürfe, sie seien schlechte Hausväter, ihre Verantwortungslosigkeit und Charakterschwäche führe die Familie an den Rand des Elends usw., richteten sich an sie. So viele Anhaltspunkte es auch dafür gab – pauschal war eine solche Bewertung unsachlich, nicht nur, weil natürlich auch Väter selbstlos und aufopferungsvoll sein konnten. Schließlich mußte nach den Motiven der Männer gefragt werden, die sie trieben, »egoistisch« zu handeln. Zu bedenken war nämlich, »welch großer Heroismus für einen schwer arbeitenden Mann darin liegt, sich Tag für Tag mit einfachster Kost zu begnügen; insbesondere, wenn er mit ledigen Kollegen in gleichem Lohn arbeitet oder wenn er den körperlich sehr anstrengenden Berufen mit Arbeit im Freien angehört, durch welche der Nah-

154 Ebenda, S. 352.
155 Ebenda.
156 Siehe Rosa Kempf: Das Leben der jungen Fabrikmädchen in München, S. 23.

rungsbedarf stark gesteigert wird«[157]. Im übrigen war das, was die Männer konsumierten, zumal die Familienväter, selten reichhaltig genug und ihre »Sonderansprüche«, gemessen an dem, was der Markt bot, bescheiden. Die proletarischen Männer hatten sich als Lohnarbeiter in einem vom Familienleben prinzipiell abgehobenen Lebensbereich zu behaupten. Das Wichtigste für sie und ebenso für Frau und Kinder war, möglichst viel zu verdienen und den Arbeitsplatz zu halten. Dafür »schuftete« der Familienvater, mußte er mit jüngeren, stärkeren Kollegen mithalten und immer bei Kräften sein. Für ihn erfüllte der Familienhaushalt vor allem die Funktion, seine Grundbedürfnisse zu befriedigen. In die Familie nach der Arbeit noch Zeit und Energie zu investieren hätte ihn am nächsten Tage konkurrenzunfähig gemacht. Er war weder imstande, noch fühlte er sich zu mehr verpflichtet, als Geld abzuliefern. Wenn er das regelmäßig (und möglichst reichlich) tat, mußte seine Frau zufrieden sein.

Bedeutungsgewinn des proletarischen Familienlebens

Diese eingegrenzte Funktion des Familiendaseins für die Männer änderte sich, als es zur Reproduktion der Arbeitskraft nicht mehr ausreichte, nach Feierabend zu essen und zu schlafen, die Kneipe aufzusuchen oder eventuell in einen Verein zu gehen. Das galt vorwiegend für Facharbeiter. Die intensiven Anforderungen qualifizierter Industriearbeit (beispielsweise im Maschinenbau, in der Elektroindustrie, im graphischen Gewerbe) führten schon vor 1914 zur Verfeinerung ihrer Feierabendbedürfnisse, was das leibliche und psychische Wohlbefinden anging. Daraus folgte eine ins »Private« strebende, familienzugewandte Lebensweise männlicher Arbeiter mit Konsequenzen für die proletarische Haushaltsführung. Die Bestrebungen, weniger beengt und komfortabler zu wohnen, gut und vielfältiger zu essen, zu Hause Geselligkeit mit Verwandten oder Freunden zu haben, sich

157 Ebenda.

mehr den Kindern zu widmen, sonntags etwas mit ihnen zu unternehmen, gaben der Hausfrauentätigkeit einen neuen Rang. Gut verdienende Facharbeiter drangen mehr denn je darauf, ihre Frauen von jeglicher Erwerbstätigkeit freizustellen, damit sie sich intensiver der Wohnung und den Kindern widmen konnten. Ein gepflegter, gemütlicher Haushalt und wohlgeratene Kinder wurden für Arbeiter zu einem Wert.

Dies war Ausdruck einer tiefergehenden Wandlung in der Lebensweise arbeitender Menschen, ein kultureller Prozeß, der weit ins 20. Jahrhundert hineinreicht. Das Familiendasein als Hauptbereich zur Sicherung der alltäglichen und lebenszeitlichen Arbeitsfähigkeit, in dem Sinne Mittel zum Zweck, wurde selbst Zweck. Für ein selbstbestimmtes, erfülltes, gutsituiertes Leben außerhalb der Arbeit lohnte es sich, bei der Arbeit Wohlverhalten und Leistungen zu zeigen, waren Proletarier bereit, größte Anstrengungen auf sich zu nehmen. So waren es in der Tendenz nicht mehr die niederdrückenden Erfahrungen bei der Arbeit und ihre Kompensation, die das Familienglück beeinträchtigten, sondern umgekehrt auch familiäre Schwierigkeiten, die das Leistungsverhalten mindern konnten.

Diese realen Veränderungen im Familienleben der Arbeiter lösten wachsenden ideologischen Druck auf ihre Lebensweise aus, zunächst von bürgerlicher Seite. Sahen doch einschlägige Vertreter der herrschenden Klasse in einem geregelten häuslichen Leben die beste Möglichkeit, Arbeiter zu befrieden und zu korrumpieren. Je mehr sie an ihrem privaten Glück hingen, desto weniger riskierten sie den Arbeitsplatz und ihr Einkommen bei Streiks und politischen Kämpfen.

Um die »Hebung der Arbeiterklasse« bemühte bürgerliche Wohlfahrtseinrichtungen glaubten vor allem mit der Qualifizierung der subjektiven Einstellung und der Fähigkeiten junger Arbeiterinnen »proletarisches Familienelend« beheben und die Männer an die Familie binden zu können. Sie hatten richtig beobachtet, daß Frauen, die seit ihrem 14. Lebensjahr erwerbstätig sein mußten und in dürftigen Verhältnissen aufgewachsen waren, zur tadellosen Haushaltsführung kaum fähig sein konnten

Das häusliche Glück.

Vollständiger

Haushaltungsunterricht

nebst

Anleitung zum Kochen

für

Arbeiterfrauen.

Zugleich
ein nützliches Hülfsbuch
für alle Frauen und Mädchen,
die „billig und gut" haushalten lernen wollen.

Herausgegeben
von
einer Commission des Verbandes „Arbeiterwohl".

Elfte verbesserte Auflage.

M. Gladbach und Leipzig.
Verlag von A. Riffarth.
1882.

und darüber hinaus kein ausgeprägtes Interesse dafür aufbrachten. So war es das hauptsächliche Anliegen abendlicher Haushaltskurse und praktisch orientierter Anleitungsbücher für Arbeiterfrauen, ihnen das moralische und praktische Rüstzeug für eine Ehe nach bürgerlichem Muster zu geben. Die erste und wohl populärste solcher Schriften »Das häusliche Glück. Vollständiger Haushaltungsunterricht nebst Anleitung zum Kochen für Arbeiterfrauen« war 1881 erschienen. Ihre Herausgeber hatten sich in Aufmachung und Diktion direkt an den seit längerem üblichen Lehrbüchern für angehende bürgerliche Hausfrauen, zum Beispiel an denen der Erfolgsautorin Henriette Davidis, orientiert. Sämtliche Haushaltsangelegenheiten wurden abgehandelt: Einrichtung und Ordnung der Wohnung, Lebensmittel, Kochen und Küchengeräte, Wäsche und Kleiderpflege, Kochrezepte und Speisefolgen für »bessere Mahlzeiten« und für solche »in sehr dürftigen Verhältnissen«.

Die Diskrepanz zwischen den aus der materiellen Not folgenden Unzulänglichkeiten proletarischer Haushaltsführung und den hier gesetzten (kleinbürgerlichen) Maßstäben alltäglicher Lebenshaltung waren enorm und die geringen Aussichten, daß Arbeiterfrauen den Ratschlägen folgten, den Autoren wohlbekannt. Um so wichtiger erschien es ihnen, die Vorbedingungen des »häuslichen Glücks« im subjektiven Vermögen und das Nichtgelingen, es zu verwirklichen, dementsprechend im schlechten Gewissen der Frauen anzusiedeln: »Sind deine damaligen Hoffnungen von dem geträumten, häuslichen Glücke in Erfüllung gegangen? – Mußt du hier mit einem traurigen ›Nein‹ antworten, dann schiebe die Schuld daran, daß sie unerfüllt geblieben sind, ja nicht auf besondere Verhältnisse oder gar auf deinen Mann; sie liegt ganz gewiß an dir selber, weil es dir entweder an den nötigen Kenntnissen, oder an den zur Begründung des häuslichen Glückes nothwendigen Tugenden gefehlt hat.«[158]

Der Katalog von Verhaltensweisen, die hier ein »Seelsorger« anmahnt, charakterisiert verkürzt und dafür um so deutlicher, welches Maß an Unterordnung und Selbstaufgabe von einer »sittsamen, braven« Frau verlangt wurde. Und nicht nur in der Moral der herrschenden Klasse, sondern auch im Alltagsbewußtsein werktätiger Schichten existierte diese Erwartungshaltung.

158 Das häusliche Glück, S. 5.

Frauen hatten fromm und scheu, anspruchslos und geduldig, friedfertig, sanftmütig und nachgiebig gegen ihren Mann zu sein und natürlich jederzeit arbeitsam, reinlich, ordentlich und sparsam.

»Befolgst du, meine Tochter, diese Mahnworte«, so versprach der Seelsorger, »dann wirst *du selber die Quelle des Glückes in deinem Hause.* ... Und der liebe Gott wird's an seinem Segen nicht fehlen lassen, er wird dir keine Prüfung senden, ohne zugleich auch reichen Trost zu spenden; doch den vollen Lohn für dein Tugendstreben hat er im Himmel für dich aufbewahrt.«[159]

Mit dem »Lohn im Himmel« hätten sich proletarische Frauen wohl meistens begnügen müssen, wenn sie nicht individuell auf listige oder trotzige Weise den Zumutungen ihres Daseins entgegentraten. Von einem kollektiven Aufbegehren um ihrer selbst willen ist historisch nichts überliefert.

Arbeiterfamilie als Thema sozialdemokratischer Kulturpolitik

Etwa zwanzig Jahre später als die bürgerliche Wohlfahrt wurde die sozialdemokratische Arbeiterbewegung in Fragen des Familienlebens und des Arbeiterhaushalts aktiv. Ihre Prämissen, Arbeiterfrauen im »Hausfrauen- und Mutterberuf« zu unterstützen, waren grundsätzlich andere als die in bürgerlichen Kursen, Fibeln und Familienzeitschriften. Einer politischen Partei, die als derzeit einzige die Gleichberechtigung der Frauen auf ihre Fahnen geschrieben hatte, konnte es nicht um die Konservierung oder Rekonstruktion der patriarchalisch bestimmten, traditionellen Familienverhältnisse und den Verweis der Frauen an den »heimischen Herd« gehen.

Es galt, die im Arbeiterdasein angelegten, primär durch die Lohnarbeit der Frauen geprägten historisch neuen und kulturell über den Kapitalismus hinausweisenden Elemente des Familienlebens, der Geschlechter- und Generationenbeziehungen moralisch und praktisch, propagandistisch und kommunalpolitisch zu unterstüt-

159 Ebenda, S. 19.

zen. Dieser Schritt, auf die privaten Lebensverhältnisse der Klassenangehörigen einzuwirken, ist in der Sozialdemokratie von grundsätzlichen und widerstreitenden Auseinandersetzungen um die Rolle der Arbeiterfamilie in der damaligen kapitalistischen Gesellschaft vorbereitet und begleitet worden.

Der radikalen Ansicht, daß ein »trautes Heim« dem politischen Klassenkampf feindlich und daher abzulehnen sei, stand die reformistische These gegenüber, bei zufriedenem Privatleben der Arbeiter erübrige sich jede proletarische Revolution; ihre Ziele wären bereits erreicht. Abgehoben von diesen Zuspitzungen setzte sich bis 1914 eine realistische, der proletarischen Lebenssituation angemessene Sicht durch. Sie ging von der Unentbehrlichkeit proletarischen Familienlebens in kapitalistischen Verhältnissen aus und bekräftigte den kulturellen Wert dieser sozialen Organisationsform auch für die sozialistische Zukunft.

Die familiären Lebensbedingungen von Arbeitern unter kapitalistischen Verhältnissen waren gekennzeichnet von materiellem Mangel sowie Zeitnot der hauswirtschaftenden und lohnarbeitenden Familienmütter. Entlastung in der Wirtschaft und bei der Kinderversorgung standen daher im Mittelpunkt der sozialdemokratischen Konzepte. So wurde der Vorschlag diskutiert, die kommunale Sozialpolitik im Dienste und zur Erleichterung der Hauswirtschaft nutzbar zu machen[160]. Folgendes Angebot möglicher und von den Kommunen oder vom Staat zu fordernder Einrichtungen sollte alle Schwachpunkte im proletarischen Familienleben erfassen, ohne in die Selbständigkeit (Privatheit) des Einzelhaushalts einzugreifen: Volksküchen, Speisehallen, kommunale Wasch- und Trockenhäuser, Zentralheizung, elektrische Beleuchtung der Häuser, hygienische Wohnungen, Schulkantinen, Spielplätze und Spielsäle, Ferienhorte, Ferienkolonien, Krippen, Kindergärten, Entbindungsanstalten, Wöchnerinnenheime.[161]

Ein solches Angebot sozialer Fürsorge konnte in seiner Gesamtheit vor 1914 nicht verwirklicht werden. Nur

160 Siehe: Die Gleichheit, 1901, H. 2, S. 9–11.
161 Siehe ebenda, S. 11.

einzelnes wurde – meist in Großstädten – realisiert. Nicht allein Etatfragen und mangelnder politischer Nachdruck verhinderten den umfassenden Durchbruch gesellschaftlicher Lösungen. Auch Tendenzen zur Privatisierung, Individualisierung im Arbeiterleben wirkten kollektiven und öffentlichen Formen der Versorgung entgegen. Nur zögernd konnten sich Arbeiterfrauen, die einerseits bereit waren, ihre Kinder über Jahre bei »Zieheltern« einzumieten, an den Gedanken gewöhnen, sie täglich über Stunden in öffentlichen Bewahranstalten versorgen zu lassen. Obwohl die ersten Einrichtungen dieser Art keineswegs sozialdemokratische, sondern kirchliche und private waren, wirkten in ihrer Bewertung Greuelmärchen von der »Familienfeindlichkeit der Sozialisten«, von »kommunistischer Anstalts- und Zwangserziehung«. Zum anderen war das Dogma von der Unersetzbarkeit der Mutter im Denken der Frauen tief verwurzelt.

Mit dieser Einstellung rechnete offensichtlich die sozialdemokratische Sozialwissenschaftlerin und Publizistin Henriette Fürth, als sie es unternahm, den Nutzen von Krippen, Kindergärten und Horten zu erläutern: »Mögen alle die sogenannten guten Mütter über mich herfallen; das ununterbrochene Zusammensein, die unaufhörliche Pflege, Überwachung und Erziehung einer Kinderschar ist die anstrengendste Aufgabe, die es gibt. Mit der Zeit erlahmen da alle besten Nerven- und Seelenkräfte, und die Frauen werden stumpf, energie- und interesselos, wie man es leider so häufig beobachten kann. Wird aber die Pflege und Erziehung in der angedeuteten Weise geteilt, so werden Erzieher und Erzogene den größten Vorteil davon haben. Und gar die Fabrikarbeiterin wird noch einmal so freudig und mit doppelt so gutem Erfolge ans Werk gehen, wenn sie nicht abgehetzt zur Arbeit kommt, ihre Kinder während ihrer Arbeit wohl versorgt weiß und nicht fürchten muß, bei der Rückkehr ein hoffnungsloses Tohuwabohu zu Hause vorzufinden.«[162]

Selbst wenn die Arbeiterfrauen vom Vorteil der Kin-

162 Henriette Fürth: Die Fabrikarbeit verheirateter Frauen, S. 15.

dereinrichtungen überzeugt werden konnten, hatten sie bis zum ersten Weltkrieg kaum eine Möglichkeit, ihre Kleinen unterzubringen. Um so wichtiger war es, auf die Verbesserung der häuslichen Lebensbedingungen auch in diesem Sinne hinzuwirken. Clara Zetkin hatte auf dem Mannheimer Parteitag der SPD von 1906[163] ein überzeugendes Plädoyer für die Erziehungsfunktion der Arbeiterfamilie gehalten. Dabei wies sie besonders auf die Bedeutung pädagogischer und fürsorgerischer Fähigkeiten der Arbeitermütter hin. Sie ließ keinen Zweifel daran, daß auch in der Perspektive diese Aufgaben nur noch im Zusammenhang mit der Berufstätigkeit der Frauen zu bedenken waren. Dementsprechend wäre vom Mann und Vater ebenso Hinwendung zur Familie zu erwarten. In dieser Weise die persönliche Verantwortung der Arbeiter für die Erziehung ihrer Kinder, für die Meisterung ihres Familienalltags (unter schwierigsten Bedingungen) zu betonen, das verlangte auch, sie individuell dazu zu befähigen. So wandte sich die sozialdemokratische Frauenzeitschrift »Die Gleichheit« ab 1907 in einer regelmäßigen Beilage »Für unsere Mütter und Hausfrauen« direkt an die Arbeiterinnen. Zu praktischen Fragen des Arbeiterhaushalts, zur Kindererziehung, zu Kleidung, Ernährung, Hygiene und Gesundheit äußerten sich hier namhafte Autorinnen und Autoren wie zum Beispiel Henriette Fürth, Käte Duncker, Wally Zepler, Hope Bridges Adams-Lehmann, Heinrich Schulz und Otto Rühle.

In dieser Ratschlag-Literatur wurde unterschiedlichen Situationen der proletarischen Hausfrau Rechnung getragen. Nichterwerbstätige Frauen mit vielen Kindern hatten das Problem, möglichst sparsam, mit einfachsten Mitteln die aufwendige Hausarbeit zu bewältigen. Dort, wo die Frau Geld verdiente und etwas großzügiger kalkulieren konnte, ging es wieder mehr um Zeitersparnis. Interessant in diesem Zusammenhang waren vergleichende Reflexionen über das Verhältnis berufstätiger und nichtberufstätiger Frauen zur Häuslichkeit. Sie rela-

163 Siehe Clara Zetkin: Referat zur Familienerziehung. In: Protokoll über die Verhandlungen des Parteitages der Sozialdemokratischen Partei Deutschlands. Abgehalten zu Mannheim vom 23. bis 29. September 1906, S. 347–358.

tivierten das Klischee vom ordentlichen und zierlichen Heim der Nur-Hausfrau und der schlampigen, lieblosen Wirtschaft der Lohnarbeiterin. So hatte Rosa Kempf beobachtet, daß Erwerbstätige sehr sorgsam auf Ordnung und schmuckes Aussehen ihrer Wohnung hielten. Ihr Bedürfnis nach Gemütlichkeit schien sogar größer zu sein als bei Frauen, die ständig zu Hause waren. Diese kämpften mit der immerwährenden Unordnung, die die Kinder anrichteten, waren vom täglichen Einerlei abgestumpft und in ihren Ansprüchen resigniert. Demgegenüber konnten die Anforderungen der Berufsarbeit durchaus zu einem kulturellen Gewinn, auch in der Hauswirtschaft, führen. Nicht nur mehr Geld, auch Disziplin, Schnelligkeit, Geschick, Entschlußfreudigkeit und Bedürfnisreichtum waren ihr dienlich.

Hauptsächlich ging es in der Frauenbeilage der »Gleichheit« aber um das Problem, das die Mehrzahl der Arbeiterfrauen tagtäglich zu meistern hatte: Beruf und Familie oder auch »nur« einen kinderreichen Haushalt in Armut und Zeitnot zu bewältigen. Diese Situation machte praktische Beratung in Einzelheiten notwendig – eine Aufgabe, der die Zeitschrift in den folgenden Jahren kontinuierlich nachkam.

Gelderwerb der Familienmutter

Im Verlaufe des Familienzyklus waren alle Arbeiterfrauen mehr oder weniger oft und mit unterschiedlicher Dringlichkeit gezwungen, Geld zu verdienen. Abgesehen davon, daß sie nach der Eheschließung noch weiterarbeiteten, um die Grundausstattung des Haushalts zu vervollständigen, sprangen sie später immer dann ein, wenn die finanzielle Situation der Familie prekär wurde.

Arbeiterfrauen waren am meisten dann auf zusätzlichen Verdienst angewiesen, wenn sie zu Hause, bei wachsender Kinderzahl, am wenigsten zu entbehren waren. Diese Zwangslage bestimmte prinzipiell den Charakter ihrer Berufstätigkeit. Es kamen nur solche Erwerbsquellen in Frage, die eine gewisse Vereinbarkeit mit den Familienpflichten versprachen – Gelegenheitsarbeiten in der Wohngegend oder Heimarbeit. Ganztägige außerhäusliche Lohnarbeit konnten verheiratete Frauen mit Kindern kaum übernehmen.

In den Jahren 1895 bis 1907 war in Deutschland der Anteil der Verheirateten an der Zahl der berufstätigen Frauen von 12,84 Prozent auf 26,04 Prozent gestiegen – allein in den Gewerben, die statistisch erfaßt wurden. Die tatsächliche Zahl lohnarbeitender Familienmütter war weit höher und, weil in den »Grauzonen« des Erwerbssystems liegend, nie vollständig erfaßt. Zahlen für Wien in den 80er Jahren gaben an, daß 40 Prozent verheirateter Arbeiterfrauen voll erwerbstätig waren, 40 Prozent wechselnde Beschäftigungen mit unsicherem Einkommen hatten und 10 bis 20 Prozent ausschließlich Hausfrauen waren. 90 Prozent der Erwerbstätigen waren im Dienstleistungsbereich, in der Textil- und Bekleidungsindustrie sowie im Handel tätig.[164] Ähnlich war es in allen europäischen Industrieländern, und ähnlich, ja gleich war auch das Hauptmotiv für Frauenarbeit: Die Männer verdienten zu wenig, um die Familie zu erhalten.

Eine entsprechende Untersuchung (für das Deutsche Reich) hatte 1899 ergeben, »daß selbst ein mit allen erforderlichen leiblichen, geistigen und sittlichen Qualitäten ausgestatteter Arbeiter eine mäßig große Familie nicht ernähren kann«[165]. Berliner Lohntabellen von 1903 weisen aus, daß der größte Teil gelernter Arbeiter unter einem jährlichen Einkommen von 1300 Mark (wöchentlich etwa 25 Mark) und Ungelernte unter 1000 Mark (wöchentlich um 19 Mark) blieben. Nicht einmal knappes beziehungsweise sehr kümmerliches Auskommen (so die verbale Klassifizierung der Lohngruppen) war damit gesichert. Es mußten also »Frauen und sonstige Angehörige tüchtig mitarbeiten, wenn nicht unerträgliche Zustände eintreten« sollten.[166]

Der »rettende« Dazuverdienst der Frau betrug bei ge-

164 Siehe Josef Ehmer: Frauenarbeit und Arbeiterfamilie in Wien. In: Geschichte und Gesellschaft, 1981, H. 3/4, S. 451.

165 Henriette Fürth: Die Fabrikarbeit verheirateter Frauen, S. 25.

166 Gustav Brutzer: Die Verteuerung der Lebensmittel in Berlin, S. 70.

lernten lediglich 3,5 Prozent und bei ungelernten Arbeitern etwa 7,7 Prozent des Familieneinkommens.[167] Dennoch war er zur Entspannung der Finanzlage unverzichtbar, galt er als selbstverständliche Teilleistung im Rahmen der Verantwortung, die die Frau für die Versorgung der Familie übernommen hatte. Im einzelnen Fall wurde dies nur ungern zugegeben und, wenn es ging, verheimlicht: »Frauen und Männer des Volkes bekunden bei einer ersten Befragung sehr häufig eine große Zurückhaltung in ihren Angaben über die Erwerbsarbeit der Frau, teils weil sie sich scheuen, die oft unsicheren und schwankenden Einnahmen der Frau als eine Grundlage ihrer wirtschaftlichen Existenz zu bezeichnen, teils weil sie sich selbst wohlhabender und sozial höherstehend dünken, wenn die Männer wenigstens nach außen alleinige Ernährer der Familie zu sein scheinen.«[168]

Wie aus dem Zahlenvergleich von 1895 und 1907 hervorgeht, nahm die Erwerbstätigkeit verheirateter Frauen stark zu. Was einst als Zeichen für das Versagen des Ehemannes gegolten hatte, wurde immer mehr üblich. Wenn auch als Hauptantrieb Geldmangel und Inflation nach wie vor ausschlaggebend waren, kamen nach der Jahrhundertwende noch weitere begünstigende Aspekte hinzu. Immer mehr Frauen hatten vor der Heirat Lohnarbeitsverhältnisse kennen- und auch schätzengelernt. Ihr Bildungsniveau und ihr Erfahrungshorizont waren dadurch erweitert. Wiederaufnahme von Berufstätigkeit erschien ihnen weniger unzumutbar als den Frauen, die aus häuslichen Diensten direkt in die Ehe gewechselt waren. Die Entwicklung des Arbeitsmarktes der Industrie, des Handels und des Dienstleistungssektors hatte außerdem Arbeitsverhältnisse geschaffen, die über den Zeitpunkt der Heirat hinaus beibehalten werden konnten. Das wirkte um so mehr, als durch »Familienplanung« die Geburtenhäufigkeit in Arbeiterfamilien zur gleichen Zeit rückläufig wurde. Und was ebenfalls

167 Siehe Peter N. Stearns: Arbeiterleben. Industriearbeit und Alltag in Europa 1840–1914, Frankfurt (Main)/New York 1980, S. 269.

168 Rosa Kempf: Das Leben der jungen Fabrikmädchen in München, S. 16.

ins Gewicht fiel: Die Lebensansprüche besonders der Facharbeiter waren gestiegen. Nicht alle setzten darauf, daß sie allein durch intensivere ausschließliche *Hausarbeit* ihrer Frauen realisiert werden könnten. Höhere Konsumwünsche, Miete für bessere Wohnungen, Vorsorge für Alter und Krankheit verlangten mehr Geld, ein zweites Einkommen. Aus diesem Grunde vergaßen sie ihre Vorbehalte gegen die Erwerbsarbeit ihrer Frauen, hatten solange nichts dagegen, bis ihr eigener Jahresverdienst 1500 Mark überstieg.[169] Zusätzlichen Verdienst der Frauen für ein höheres Lebensniveau einzusetzen – das war allerdings ein Zuschnitt der Familienökonomie, wie ihn sich um 1900 erst ein kleiner Teil der Arbeiterschaft leisten konnte. Er nahm moderne (gegenwärtige) Formen der Arbeitsteilung von Mann und Frau für die Familie vorweg und hatte damals wenig Vorbildwirkung. Eher stieß solches Verhalten auf Unverständnis, besonders bei den unter der Arbeitslast zusammenbrechenden Frauen nicht so gutgestellter Arbeiter. Die Worte einer Berliner Konfektionsarbeiterin machten dies deutlich: »›Da sehen Sie unsern Nachbarn‹ ..., ›ein aufgeklärter Genosse, der nur immer die Bilder von Marx und Lassalle an die Wand hängen will, er läßt seine Frau von früh bis spät Konfektion arbeiten und bei seinem Verdienst wäre es wirklich nicht nötig!‹«[170]

Formen der Gelegenheitsarbeit

Bevor Frauen geregelte, das heißt an ein Unternehmen gebundene Arbeitsverhältnisse eingingen, versuchten sie Erwerbsquellen zu nutzen, die in den eigenen Haushalt einzubinden beziehungsweise mit ihm zu vereinbaren waren.

Eine verbreitete Form solchen Dazuverdienstes war es, Schlafstellen zu vermieten und für einen Aufpreis dem Schlafburschen noch Dienstleistungen wie Flicken, Nähen oder Kochen anzubieten. Proletarierinnen leiste-

169 Siehe Peter N. Stearns: Arbeiterleben, S. 270.
170 Gertrud Dyhrenfurth: Die hausindustriellen Arbeiterinnen, S. 72.

ten damit bezahlte Hausarbeit für alleinstehende Arbeiter, die noch nicht seßhaft geworden waren. In Deutschland hatten zum Ende des 19. Jahrhunderts zwischen 10 und 20 Prozent der Haushalte Untermieter oder Schlafgänger. Daran hatten Arbeiterhaushalte prozentual bei weitem den höchsten Anteil. Noch 1910, als die Schlafstellenvermietung bereits drastisch zurückgegangen war, hatte beispielsweise in der Industriestadt Hamborn noch jede fünfte Arbeiterfamilie durchschnittlich drei Kostgänger.[171]

Eine ähnlich geartete Einnahmequelle war die Wartung und Pflege von »Kostkindern« über längere Zeit oder tageweise. Sie lohnte sich nur, wenn die Frauen wegen der eigenen kleinen Kinder ohnehin zu Hause blieben, und zählte keineswegs als lukrative Dienstleistung, weil Frauen, die ihre Kinder zur Betreuung weggaben, nicht viel zahlen konnten.

Gelegenheiten, außerhalb der Wohnung stundenweise oder auch tageweise Erwerbstätigkeiten nachzugehen, gab es zahlreiche. Ihr einziger Vorteil bestand darin, daß sie zeitlich variabel waren. Ansonsten verrichteten die Frauen körperlich anstrengende, mühselige, schmutzige und schlecht bezahlte Tätigkeiten, ohne Recht auf festen Lohn oder Arbeitsschutz. Das galt für Tagelöhnerinnen auf dem Bau, in Gärtnereien, bei der Straßenreinigung, beim Lumpensammeln und im Kleinhandel, für Austrägerinnen von Zeitungen, Brot und Milch. Um etwas mehr Geld zusammenzutragen, kombinierten Frauen verschiedene solcher Gelegenheitsarbeiten miteinander, oder sie gingen in mehrere »Arbeitsstellen«, wie das bei Waschfrauen und Aufwärterinnen für »herrschaftliche« Häuser üblich war.

In jedem Falle gehörte viel Durchhaltevermögen und Selbstüberwindung dazu, sich immer wieder diesen unsicheren und diskriminierenden Tätigkeiten zu stellen und stets unter Zeitdruck und Sorge um die sich selbst überlassenen Kinder für Pfennige schwer zu arbeiten.

171 Siehe Li Fischer-Eckert: Die wirtschaftliche und soziale Lage der Frauen in dem modernen Industrieort Hamborn im Rheinland, S. 40.

Heimarbeit

Die Erwerbsmöglichkeit in die Wohnung zu holen, »ihr eigener Herr« zu sein, was den Tagesablauf und die Anwesenheit in der Wohnung betraf, das erschien vielen Proletarierinnen als Weg, die kollidierenden Hauptanforderungen – Lohnarbeit und Hausfrauenpflichten – miteinander zu vereinen. Diesen Rahmenbedingungen entsprach »Heimarbeit«: Frauen übernahmen Teilleistungen für die im 19. Jahrhundert noch weitgehend dezentralisierten städtischen Industrien und verrichteten sie zu Hause. Gewerbestätten und Wohnungen lagen dicht beieinander, was diese Form der Kooperation begünstigte. Sehr anschaulich macht das eine Beschreibung der Arbeits- und Wohnsituation in der Berliner Luisenstadt (heute Kreuzberg) gegen Ende des vorigen Jahrhunderts. In den Quergebäuden der großen Mietshäuser hatten sich ganze Fabriken etabliert. »Die Gewerbeketten zogen sich durch die Stockwerke, Drucker und Binder lagen übereinander, Gürtler, Fräser, Dreher, Galvaniseure, Wand an Wand oder übereinander, so daß Transportwege eliminiert waren. In der Telephon- wie Nähmaschinenindustrie arbeiteten Tischlereien und Metallbetriebe zusammen, ebenso in der überreichlich und fast mit Weltmonopol ausgebildeten Lampenindustrie, in der optischen Industrie traten noch die optischen Schleifer dazu. Andererseits gingen allenthalben Fäden in die einzelnen Wohnungen. Dort saßen tags wie nachts Frauen und Kinder über Heimarbeit, umnähten Knöpfe, nähten fertige Knöpfe an, montierten Applikationen, putzten Silber im Auftrag der Silberfabriken, wickelten Spulen, sortierten Schrauben ...«[172]

Spezialfall: Konfektionsheimarbeit

Den überwiegenden Anteil der Heimarbeit-Beschäftigungsverhältnisse bot von der zweiten Hälfte des 19. Jahrhunderts bis ins 20. Jahrhundert hinein die groß-

172 Exerzierfeld der Moderne. Industriekultur in Berlin im 19. Jahrhundert, München 1984, S. 203.

städtische Bekleidungsindustrie. Ihr Zentrum lag in Berlin. Mit der Erfindung und raschen Verbreitung der Nähmaschine (die mindestens zehnmal schneller als Handarbeit war) hatte dieser Industriezweig seit Mitte des Jahrhunderts einen enormen Aufschwung genommen. Massenkonfektion und der schnelle Wechsel der Mode waren dadurch erst möglich geworden. Neben Spezialmodellen für die Weißnäherei, für Trikotagen, Ziernähte, Leder usw. war es hauptsächlich die Haushaltsnähmaschine des amerikanischen Produzenten Singer, an der Arbeiterfrauen zu Hause »Konfektion arbeiteten«.

Wie viele Frauen solche Heimarbeit aufgenommen hatten, ist statistisch nur ungenau ermittelt worden. Nach der Berufs- und Betriebsstatistik für das Deutsche Reich gab es 1907 ungefähr 297 000, strenggenommen sogar nur knapp 150 000 Heimarbeiterinnen in der Bekleidungsindustrie. »Die erhebliche Differenz zwischen den genannten Werten dürfte darauf zurückzuführen sein, daß die in der Betriebsstatistik wiedergegebenen Angaben der Unternehmer auf Schätzungen beruhten, die deshalb zu niedrig gegriffen sind, weil ihnen die Weitergabe der Arbeit durch die Zwischenmeister bzw. Heimarbeiter verborgen blieb.«[173] Die absolute Zahl der Frauen, die mit Konfektionsheimarbeit Geld verdienten, war wesentlich höher. Sie differierte nicht nur saisonbedingt. Es war auch eine hohe Dunkelziffer anzunehmen, weil der Erwerb aus »Steuerfurcht« nicht angegeben, als »Mithilfe« von Familienangehörigen getarnt oder aus Scham, daß die Frau überhaupt verdienen mußte, verschwiegen wurde.

Die Lebenslage der heimarbeitenden Frauen entzog sich lange Zeit der gesellschaftlichen Aufmerksamkeit. Erst der große Konfektionsstreik von 1896 und die Berliner Heimarbeitsausstellung von 1906 brachten einiges von ihrem Elend ans Tageslicht. Das bot den Anlaß für bürgerliche Sozialwissenschaftler, diesen Produktionszweig genauer zu untersuchen und wichtige Details der

173 Rosemarie Beier: Frauenarbeit und Frauenalltag im Deutschen Kaiserreich. Heimarbeiterinnen in der Berliner Bekleidungsindustrie 1880–1914, Frankfurt (Main)/New York 1983, S. 174.

Arbeits- und Lebensbedingungen der Konfektionärinnen festzuhalten.[174]

Wie bei anderen Erwerbstätigkeiten wirkte auch bei der Heimarbeit Geldmangel als wichtigster Antrieb: »Wie oft konnte ich in der Praxis beobachten, daß es eben nur der geringe Zuverdienst aus der Heimarbeit war, der die Familie über Wasser hielt. Fiel er aus irgendeinem Grunde fort, so sahen sich die Leute genötigt, die Armenpflege in Anspruch zu nehmen. Wie muß das Budget dieser Familien aussehen, wenn das Fehlen so geringer Summen eine so ausschlaggebende Rolle spielen kann!«[175]

Motive

Heimarbeit paßte sich ganz unterschiedlichen lebenszeitlichen und familienzyklischen Situationen an. Ein Vergleich des Familienstandes von Berliner Konfektionsheimarbeiterinnen und Fabrikarbeiterinnen der Kartonageindustrie belegt dies:

	ledig	verheiratet	verwitwet	geschieden/eheverlassen
Heimarbeiterinnen in der Konfektion	363	661	275	45
Fabrikarbeiterinnen der Kartonageindustrie	639	132	34	7

»Man sieht, die Fabrikarbeit ist vorzugsweise von Ledigen aufgesucht, die Heimarbeit dagegen von Verheirateten oder verheiratet Gewesenen. Von den Fabrikarbeiterinnen sind 79 Prozent ledig, von den Heimarbeiterinnen nur 27 Prozent!«[176]

174 Wichtige Arbeiten zu diesem Gegenstand stammen von Hans Grandke, Gertrud Dyhrenfurth, Robert Wilbrandt und Käthe Gaebel.
175 Käthe Gaebel: Die Lage der Heimarbeiterinnen nach den Erhebungen des Gewerkvereins der Heimarbeiterinnen Deutschlands in den Jahren 1907 und 1912, Berlin 1912, S. 89.
176 Ebenda, S. 7/8.

Im gleichen Zusammenhang war eine Gegenüberstellung der Kinderzahl aufschlußreich: Die befragten Heimarbeiterinnen hatten bis zu vier Kinder, während der prozentuale Anteil der Fabrikarbeiterinnen schon bei zwei Kindern beträchtlich sank.[177] Verheiratete und ältere Frauen bevorzugten eindeutig Heimarbeit als Erwerbsquelle. Nach der Untersuchung von Käthe Gaebel war die Mehrzahl (fast 80 Prozent) im Alter zwischen 30 und 50 Jahren und 20 Prozent älter als 50 Jahre. Während die jung verheirateten Arbeiterinnen (um 20 Jahre) einträglicherer Lohnarbeit nachgingen, waren die 30jährigen wegen der wachsenden Kinderschar zur wohnungsgebundenen Erwerbstätigkeit gewechselt.[178]

Das wichtigste Motiv, sich Näharbeit nach Hause zu holen, war, die kleinen Kinder am Tage beaufsichtigen zu können. Die Frauen nahmen schon damit große psychische Belastungen auf sich, denn in Anwesenheit kleiner Kinder genau und sauber zu nähen, verlangte äußerste Konzentration. Und bloße räumliche Nähe der Mutter war noch nicht identisch mit Fürsorge und Erziehung. »Wenn die Frau«, so lautete ungeachtet dessen die gängige Argumentation, mit der übrigens auch der Verzicht auf mehr Geld begründet wurde, »durch ihr Aufspringen ein Kind vor dem Fall hüten, ein Ausgehen des Feuers, das Verderben eines Gerichtes verhindern, einem kranken Familienglied eine nötige Handreichung tun, dem Säuglinge die Nahrung zur rechten Zeit bieten konnte, so war diese Zeit viel wirtschaftlicher angewendet, als wenn einige Mark wöchentlich mehr verdient wurden.«[179]

Bei älteren Frauen kamen neben hauswirtschaftlichen noch psychologische Begründungen hinzu. Ihre Abneigung gegen Fabrikarbeit oder andere öffentliche Arbeitsplätze war ausgeprägter als bei jüngeren. Sie fürchteten den Umgangston, den Lärm, die Hektik, das Arbeitstempo und die Disziplin der Fabrik. Deshalb zogen sie es vor, allein und scheinbar selbstbestimmt zu arbei-

177 Siehe ebenda, S. 11.

178 Siehe ebenda, S. 8/9.

179 Käthe Gaebel: Die Heimarbeit. Das jüngste Problem des Arbeiterschutzes, Jena 1913, S. 35.

ten, auch wenn größere Ausbeutung in Kauf zu nehmen war.

In einer Umfrage des Gewerkvereins der Heimarbeiterinnen von 1912 gaben zum Beispiel 70 Prozent der Frauen die Versorgung des Haushalts als Grund der Heimarbeit an, 6 Prozent eigene Krankheit und 16 Prozent persönliche Vorliebe für Heimarbeit, das heißt Abneigung gegen Fabrikarbeit.[180]

Nur ein Prozent späterer Konfektionsheimarbeiterinnen hatte vormals in Fabriken gearbeitet. Beinahe alle waren entweder Dienstmädchen oder Näherinnen in Schneiderwerkstätten gewesen. Während die früheren Näherinnen selbstverständlich auch als Verheiratete mit der Tätigkeit Geld verdienten, die sie ohnehin beherrschten, führte der auffällige Anteil an einstigen Dienstmädchen zu Spekulationen über ihre intensivere Hinwendung zur Familie, zu den damit verbundenen Pflichten. Indirekt wurde ihr Verhalten hier verglichen mit dem von Fabrikarbeiterinnen, denen nach verbreitetem Vorurteil dies alles wenig am Herzen lag. »Das frühere Dienstmädchen dagegen, an Ordnung und Sauberkeit, an ein richtig zubereitetes Mahl gewöhnt, gibt beides ungern auf und sucht eine Erwerbsarbeit, die, man mag sonst über sie urteilen, wie man will, doch der Erhaltung des Familienlebens und des Haushaltes im ganzen günstig ist.«[181]

Arbeitsbedingungen

Die konkreten Arbeitsbedingungen, denen sich die Frauen unterwarfen, wenn sie in der Konfektionsbranche mithalten wollten, machten ihre ursprünglichen Absichten, Haushalt und Dazuverdienst gleichermaßen zu bewältigen, zunichte. Es dominierten eindeutig die Anforderungen des Gelderwerbs. Darüber hinaus stellte sich die Heimarbeit, besonders in der Konfektionsbranche, als äußerst tückisches Ausbeutungsverhältnis heraus. Einen Gesamteindruck vermittelt der folgende Augen-

180 Siehe Gertrud Bäumer: Die Frau in Volkswirtschaft und Staatsleben der Gegenwart, S. 118.

181 Käthe Gaebel: Die Lage der Heimarbeiterinnen, S. 108/109.

zeugenbericht von der entsprechenden Abteilung der Berliner Heimarbeitsausstellung von 1906. Die Heimarbeit der modernen großstädtischen Bekleidungsindustrie war hier erstmals neben traditionellen Formen der Hausindustrie (Spielzeug, Kunstblumen, Posamenten) öffentlich vergleichbar gezeigt worden. »Und dann die Konfektion, diese breiteste, trostloseste Schicht der deutschen Heimarbeit! Zahllose Hemden und Schürzen, Unterröcke und Blusen, Kinderkleider, Herrenanzüge, Uniformen und Mäntel liegen und stehen herum. Ihre Heimat ist vor allem die Großstadt. Aus Berlin und Hannover, Kassel, Breslau, Königsberg, München-Gladbach, Darmstadt ist die Ausstellung beschickt. Das ist die Arbeit all der Frauen und Mädchen, für die Thomas Hoods ›Lied vom Hemde‹ noch immer Wirklichkeit ist; die in engen, luft- und lichtlosen Großstadthinterhäusern ihre Nähte herunterrasseln, tagaus, tagein – jahraus, jahrein; denen ihre Arbeit *nichts* geben kann, nicht die Freude am Schaffen, nicht den Genuß des Lernens und Werdens und Weiterkommens, und deren Leben diese tote, leere, traurige Arbeit doch bis zum Rande ausfüllt. Der Dunst von ungelüfteten wollenen Sachen liegt über den Tischen wie Krankenzimmerluft und macht es dem Beschauer förmlich körperlich fühlbar, daß er hier einer sozialen Krankheit, einer Entartung unseres Wirtschaftslebens ins Gesicht sieht. Die Zahlen, die Lohnangaben auf all diesen armseligen Gegenständen erheben dies dumpfe Gefühl zu greller Bewußtheit. Sie zeigen in ihren merkwürdigen Schwankungen, daß hier nicht nur eiserne Wirtschaftsgesetze über Menschenwollen hinweg walten, sondern daß in den Schlupfwinkeln dieser Arbeit die Gewinnsucht Jagd macht auf Not, Dummheit, Isolierung und Hilflosigkeit; daß hier bis ins einzelne Leben hinein die Situation ausgenutzt, der Vorteil wahrgenommen wird.«[182]

Gerade aber diese hier von einer bürgerlichen Frauenrechtlerin als amoralisch und inhuman charakterisierten Praktiken machten die ungeheure Profitabilität der Bekleidungsbranche aus. Eine engagierte sozialdemokrati-

182 Gertrud Bäumer: Die Frau in Volkswirtschaft und Staatsleben der Gegenwart, S. 115/116.

1890 entsprach der Preis einer Nähmaschine 15 bis 20 Wochenlöhnen einer Heimarbeiterin.

sche Beobachterin zeigte das auf: »Es ist soviel bequemer für den Unternehmer, ein stets gefügiges, jedem Lohndruck willenlos preisgegebenes, zersplittertes und darum zur Organisation ungeeignetes Arbeitermaterial zur Verfügung zu haben, um dessen Wohl und Wehe, Krankheit und Tod er sich nicht zu sorgen braucht, das er nach Belieben abstoßen oder heranziehen kann, für das er weder Räume noch Maschinen bereitstellen muß, deren etwaige Nichtbenutzung ihn mit Zinsverlust bedrohte. Und was, auf der anderen Seite, bedeutet die vielgerühmte Arbeitsfreiheit der Heimarbeiterin, die beweglichen Hinweise darauf, daß so die Mutter wenigstens daheim, in der Familie sein, Kinder und Hausarbeit bequem mitversorgen könne?

Eine Ausbeutung ohne Gnade und Barmherzigkeit, ein gehetztes martervolles Leben, bei dem Haushalt, Kinder, das Behagen der Familie und die eigene Gesundheit einigen wenigen, durch tausend Schikanen und Vorbehalte geschmälerten Hungergroschen geopfert werden. 72 Arbeitsstunden in der Woche neben der Hausarbeit, dafür 7 Mk. Wochenverdienst und das Ende das Spital.«[183]

Nirgendwo waren die einzelnen Arbeiterinnen dem Unternehmer und der Krisenanfälligkeit ihres Erwerbs mehr ausgeliefert als bei der Heimarbeit. Sie hatten nicht nur die saisonalen Risiken der Produktion und des Absatzes zu tragen, sondern auch für Arbeitsmittel

183 Henriette Fürth: Die Fabrikarbeit verheirateter Frauen, S. 52.

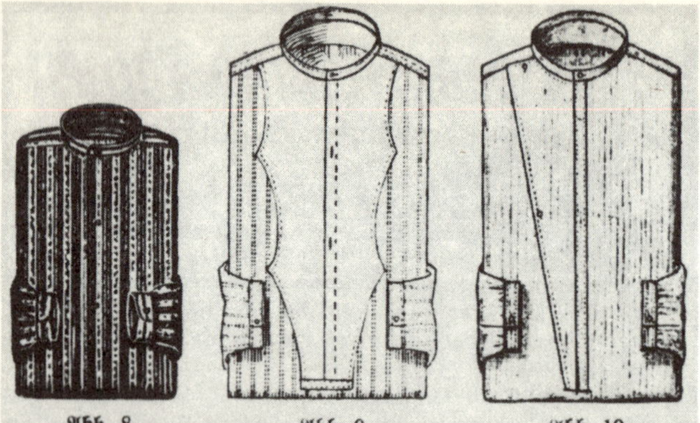

Abb. 8 Abb. 9 Abb. 10

Eine flinke Näherin konnte ein Dutzend
dieser Arbeitshemden in 10 Stunden fertigen.
Damit kam sie
auf einen Stundenlohn von 10 bis 15 Pfennigen.

(Nähmaschine, Nähzutaten, Maschinenöl, Nadeln) und Arbeitsplatz aufzukommen. Schon um mit einer eigenen Nähmaschine in die Konfektionsarbeit »einsteigen« zu können, mußte sie eine Summe auslegen, die etwa der von 15 bis 20 späteren Wochenlöhnen entsprach: Um 1890 kostete ein Wheeler-Wilson-Modell für die Wäschenäherei 80 bis 90 Mark und eine Singer-Maschine, für Konfektion geeignet, um 135 Mark.

Mit der Näharbeit wurde die ohnehin enge Arbeiterwohnung zusätzlich zur Werkstatt. 96 Prozent der Berliner Konfektionsheimarbeiterinnen nähten in Räumen, in denen gleichzeitig gekocht, gewaschen, gegessen und geschlafen werden mußte – abgesehen von den kleinen Kindern, die sich den ganzen Tag über ebenfalls dort aufhielten. »Ist die Stube an Schlafgänger abvermietet oder durch die eigene Familie in Beschlag genommen, so steht die Nähmaschine zwischen Kochherd, Vorräten, Betten, eingeweichter Wäsche in der Küche.«[184] Zu der Maschine, die an einem hellen Fensterplatz stehen mußte, kamen die fertige Ware und die Rohstoffe, wa-

184 Gertrud Dyhrenfurth: Die hausindustriellen Arbeiterinnen, S. 43.

ren Kartons und Reste dem eigentlichen Zweck der Küche im Wege. Alles wegzuräumen war selten möglich. Die Frauen saßen, mit Unterbrechungen für Haushalt und Kinderversorgung, in einer unbegrenzten Zeit an der Näharbeit, die meisten sogar sonnabends und sonntags.[185]

Mit dem, was in dieser ausgedehnten Arbeitszeit zu schaffen war, kamen die meisten Näherinnen auf einen Stundenlohn von ungefähr 15 Pfennigen und in der Woche auf 5 bis 7 Mark.

»Diese 10 und 15 Pf. Stundenverdienst sind das Ergebnis der anstrengendsten Arbeit des aufs äußerste beschleunigten Maschinetretens. Sie werden nicht von besonders ungeschickten, langsamen Näherinnen erreicht, sondern bedeuten vielfach das Maximum dessen, was eine flinke Näherin erreichen kann. Oder will man es als Leistung einer langsamen Arbeiterin ansehen, wenn etwa 1 Dutzend bunte Arbeiterhemden in 9–10 Stunden angefertigt werden, bessere Arbeiterhemden mit aufgesetzter Brust und sechs Knopflöchern an jedem Hemd in 12–13 Stunden?«[186]

Die Branchenvielfalt und die große Zahl einzelner Artikel machten Lohnvergleiche schwierig und leisteten willkürlicher Behandlung Vorschub. Austausch mit Kolleginnen darüber war den dezentralisiert arbeitenden Näherinnen kaum möglich. Beim wöchentlichen Liefern standen die Frauen dem Zwischenmeister (oder der Meisterin) allein gegenüber, nicht selten zu befangen und eingeschüchtert, um sich zu wehren oder Forderungen zu stellen. Kollektive, gewerkschaftliche Formen der Interessenvertretung konnten sich erst allmählich entfalten. Nicht nur Vereinzelung und mangelnde Kommunikation der Arbeiterinnen standen solidarischem Handeln entgegen. Die meisten Frauen verstanden sich nicht als eine unter vielen gleichfalls ausgebeuteten Proletarierinnen und sahen keinen Sinn darin, prinzipiell etwas zu erkämpfen, da sie nichts sehnlicher wünschten, als bald ohne Erwerbsarbeit auszukommen. Andererseits waren sie unabkömmlich, hatten weder Zeit noch Kraft für Ge-

185 Siehe ebenda, S. 71.

186 Käthe Gaebel: Die Lage der Heimarbeiterinnen, S. 46.

werkschaftsveranstaltungen. Jede Stunde, die sie dafür verwandten, bedeutete Verdienstausfall oder Vernachlässigung der Kinder. Hemmend kam hinzu, daß Männer aus verschiedenen Gründen ihren Frauen ausdrücklich verboten, in öffentliche Versammlungen zu gehen.

Für die in der Bekleidungsindustrie beschäftigten Frauen stand seit 1890 von den freien Gewerkschaften der »Verband der Schneider, Schneiderinnen und verwandten Berufsgenossen« offen. Er setzte sich aber nur schwach für Heimarbeiter ein, da er diese Produktionsform als Konkurrenz bekämpfte. Zwischen 1905 und 1910, in einem Zeitraum, als fast 7 Prozent aller Arbeiterinnen Mitglied von freien Gewerkschaften geworden waren, betrug ihr Anteil an der Schneidergewerkschaft lediglich etwa 1 Prozent.[187]

Als »konkurrierende« Vereinigung mit einigem Zulauf bestand gleichzeitig der »Gewerkverein der Heimarbeiterinnen Deutschlands« mit eigener Zeitung »Die Heimarbeiterin«. Er war von privaten bürgerlichen und kirchlichen Förderern als »Bollwerk« gegen die Sozialdemokratie ins Leben gerufen worden. Auch er wurde keineswegs zur Massenorganisation – aus den obenerwähnten Gründen.

Einen bemerkenswerten Arbeitskampf in der Konfektionsindustrie stellte der große Streik von 1896 dar, bei dem etwa 30 000 Arbeiterinnen und 10 000 Arbeiter in den Ausstand traten. Nach zeitgenössischer Darstellung streikten jedoch primär ledige Arbeiterinnen.[188] In einer Zeitung hieß es 1896: »Wie durch eine Umfrage festgestellt ist, haben bisher zumeist nur ledige Näherinnen die Arbeit niedergelegt. Von verheirateten Frauen haben sich bis jetzt meist nur diejenigen Frauen angeschlossen, deren Männer den Arbeiterorganisationen angehören.«[189] Die Gründe der Zurückhaltung waren differenziert, einer jedoch besonders plausibel: Die Hauptforderung der Streikenden war neben dem Tariflohn die nach

187 Siehe Rosemarie Beier: Frauenarbeit und Frauenalltag im Deutschen Kaiserreich, S. 153.

188 Siehe ebenda, S. 164.

189 Zit. in: Ebenda, S. 165.

der sukzessiven *Beseitigung der Heimarbeit* und der durchgängigen Einrichtung von Betriebswerkstätten.

Fabrikarbeit verheirateter Frauen

Keine Form des »Dazuverdienstes« der Arbeiterfrauen und Mütter hat mehr zeitgenössische Aufmerksamkeit hervorgerufen als ganztägige Beschäftigung von Frauen in den modernsten zentralisierten Produktionsstätten, den Fabriken.

»1882 waren von insgesamt 1 126 976 in Industrie und Bergbau beschäftigten weiblichen Personen 13,21 % verheiratet, 1895 betrug bei 1 521 118 der Prozentsatz der Verheirateten 16,48. Es hatte also eine starke relative und absolute Zunahme der Industriearbeit verheirateter Frauen stattgefunden. Und auch seit 1895 ist die Zahl verheirateter Industriearbeiterinnen ständig größer geworden.«[190]

Nach den Zahlen einer umfangreichen Untersuchung, die 1899 vom Reichsamt des Inneren veranlaßt und von der Deutschen Gewerbeaufsicht ausgeführt wurde, arbeiteten 229 334 verheiratete Frauen in der Industrie. Das betraf etwa 0,8 Prozent der weiblichen Bevölkerung Deutschlands insgesamt, 2,4 Prozent aller verheirateten deutschen Frauen, 3 Prozent aller berufstätigen Mädchen und Frauen und 13 Prozent aller in der Industrie beschäftigten Arbeiterinnen.

Obwohl vor dem ersten Weltkrieg die Zahl der verheirateten Fabrikarbeiterinnen mit Kindern relativ klein blieb, machte deren Situation doch schon neue Aspekte weiblicher Erwerbsarbeit sichtbar. Die Perspektive und die Qualität des Familienlebens, der Mutterschaft sowie die Entwicklung auf dem kapitalistischen Arbeitsmarkt waren Fragen, die diese ökonomische Entwicklung aufwarf wie ebenso die kulturellen emanzipatorischen Folgen der Erwerbstätigkeit von Frauen in der gesellschaftlichen Produktion.

Die subjektiven Gründe von Frauen, in die Fabrik zu

190 Henriette Fürth: Die Fabrikarbeit verheirateter Frauen, S. 18.

gehen, glichen denen, die in bezug auf andere Erwerbstätigkeiten ausschlaggebend waren: Der Mann verdiente nicht genug oder lieferte zu wenig ab, und die Familie sollte besser leben. Die Entscheidung, gerade diese Arbeit aufzunehmen, hing weitgehend vom Arbeitsplatzangebot im Wohngebiet und von früheren Erfahrungen mit Fabrikarbeit ab. In Gegenden Deutschlands, wo es viel Textilindustrie gab, technologisch also viel Frauenarbeit eingesetzt werden konnte, hatten die Männerlöhne den niedrigsten Satz. Hier war der Anteil der in Fabriken arbeitenden Frauen wesentlich höher als in Städten mit anderen Industrien und zahlreicher Facharbeiterschaft. Überall jedoch gaben Frauen die Fabrikarbeit wieder auf, wenn sie für den Erhalt der Familie nicht mehr unbedingt erforderlich war.

»Nur ganz vereinzelt begegnen wir der Angabe«, so steht in einer Betrachtung zu der Untersuchung von 1899, »daß eine verheiratete Frau von der Fabrikarbeit nicht läßt, weil es ihr darum zu tun ist, ihre innere und äußere Freiheit und Selbständigkeit zu wahren. Und doch klingt in diesen wenigen Bekundungen ein Motiv an, das von nicht zu unterschätzender ethischer Tragweite und ganz gewiß dazu bestimmt ist, unter veränderten Lebens- und Arbeitsbedingungen eine große Rolle zu spielen.«[191]

Der bereits zitierte ausführliche Gewerbebericht von 1899 brachte neben konkreten Zahlen auch exakten Aufschluß über die sozialen Bedingungen, unter denen Frauen solche Arbeit aufnehmen mußten oder meiden konnten. Zu seiner Auswertung hatten sich damals mehrere engagierte Sozialwissenschaftler (unterschiedlichster politischer Herkunft) publizistisch geäußert. Der folgende Kommentar gibt einen Eindruck von der Schichtenspezifik im Verhältnis der Frauen zur Fabrikarbeit: »Das Hauptkontingent der verheirateten Fabrikarbeiterinnen stellen Frauen von ungelernten Arbeitern. Die gelernten Arbeiter: Dreher, Schlosser, Schmiede, Tischler, Glasbläser ›verdienen durchweg soviel‹, wie es in dem Bericht aus dem Bezirk Frankfurt a. O. heißt, ›daß sie den Haushalt davon erhalten können. Man findet ebenso

191 Ebenda, S. 26.

selten Frauen dieser Arbeiter in der Fabrik beschäftigt, wie man findet, daß sie Mädchen aus der Fabrik heiraten. Diese besser bezahlten Arbeiter sehen vielmehr darauf, daß ihre Frau etwas vom Haushalt versteht und nicht vorher in der Fabrik gearbeitet hat‹; und für den Bezirk Württemberg II wird berichtet: ›Wo die Industrie in der Hauptsache ... auf gelernte Arbeiter angewiesen ist, da sind die Löhne der Männer im allgemeinen so auskömmlich, daß die Frau nicht nötig hat, in die Fabrik zu gehen.‹ Ganz ähnlich äußern sich ferner der Badische und der Gießener Inspektionsbericht. In Ehen dieser Art geht die Frau höchstens solange in die Fabrik, als die Ehe noch kinderlos ist, um so entweder zur Bezahlung der noch nicht ganz beglichenen Ausstattung etwas beizusteuern ... oder einen Sparpfennig für Zeiten der Not und Krankheit zu erwerben. Sowie aber das erste Kind da ist, gibt die Frau die Fabrikarbeit definitiv auf. Bei den ungelernten Arbeitern dagegen wird die Fabrikarbeit, sowie sich Kinder einstellen, erst recht zur Notwendigkeit. Daher ist bei den Frauen dieser Männer gerade die umgekehrte Erscheinung sehr häufig.«[192]

»Wie aber lebt eine solche Frau?« fragte Rose Otto in ihrer Untersuchung zur Lage verheirateter Fabrikarbeiterinnen aus dem Jahre 1910. Sie beschrieb die extreme Tages- und Wochenauslastung einer Münchner Fabrikarbeiterin mit vier Kindern. Das Besondere an deren Situation: Sie hatte Krippenplätze für die Kinder, und sie ging zwischenzeitlich nach Hause, was bei den meisten industriell Beschäftigten nicht mehr möglich war.

»Um $^1/_2$ 5 Uhr morgens beginnt ihr Arbeitstag, da muß sie aufstehen, Feuer machen, Kaffee kochen, Fleisch und Gemüse für das Mittagessen vorbereiten und beisetzen, die Betten machen. Um $^3/_4$ 7 Uhr muß sie mit den Kindern aus dem Hause. Die Kleinen werden in die Anstalt gebracht. Die Frau geht in die Fabrik, aus der sie um $^1/_2$ 12 Uhr vormittags für anderthalb Stunden heimkommt. Nun wird das Essen gewärmt und verzehrt und

192 L. Pohle: Die Erhebungen der Gewerbe-Aufsichtsbeamten über die Fabrikarbeit verheirateter Frauen. In: Jahrbuch für Gesetzgebung, Verwaltung und Volkswirtschaft, 1901, H. IV, S. 171–173.

dann soviel häusliche Arbeit wie irgend möglich verrichtet. Das Geschirr wird gewaschen, das Zimmer etwas in Ordnung gebracht, das Notwendigste geflickt und gestopft. Alle paar Wochen müssen der Gang, die Treppe gefegt, müssen Fenster geputzt werden. Um 1 Uhr beginnt wieder die Fabrikarbeit. Nach Schluß derselben von neuem Hausarbeit. Nach dem Abendessen, das auch erst wieder von der Frau vorbereitet werden muß, kommen all die kleinen und großen Verrichtungen ... An einem Abend wird Wäsche gewaschen. Am nächsten Abend wird gebügelt. Am Sonnabend wird das Zimmer gründlich geputzt. So bringt ein Tag wie der andere Arbeit, von der kein Ausruhen ist. Etwa alle 8 Wochen ist großer Waschtag. Entweder am Samstag abends, wo der Arbeitstag dann erst um 1 Uhr nachts sein Ende erreicht oder am Sonntag. ... Nach all der Arbeit, die der Alltag den Frauen bringt, sitzen sehr viele dann noch am Sonntag und schneidern für die Kinder die Kleidung. So bringen es die Frauen fertig, Wirtschaft und Kinder zu versehen, ohne bezahlte Hilfe in Anspruch zu nehmen.«[193]

»Die Fabrikarbeit verheirateter Frauen, *so wie sie heute ist* und neben der Inanspruchnahme der Arbeiterin als Hausfrau und Mutter, schädigt ihre Gesundheit, raubt ihnen Frische und Lebensfreude, würdigt sie zu Maschinen herab, die sich nur dadurch von der toten Maschinerie unterscheiden, daß ihnen das ganze Elend ihres Zustandes fühlbar ist.

Sie schädigt die Gesundheit und Entwicklung der Kinder in leiblicher, geistiger und sittlicher Beziehung. Sie vernichtet das Familienleben, beeinträchtigt die Ernährung und raubt dem Heim Behagen und Helle.«[194] So hatte Henriette Fürth 1902 die Situation auf der Grundlage der Untersuchung von 1899 zusammengefaßt und damit einen Zustand charakterisiert, der noch lange Zeit erhalten bleiben sollte. In dieser deprimierenden Gesamteinschätzung stimmten alle Kommentatoren –

193 Rose Otto: Über Fabrikarbeit verheirateter Frauen, Stuttgart und Berlin 1910, S. 285/286.

194 Henriette Fürth: Die Fabrikarbeit verheirateter Frauen, S. 45.

gleich welcher politischen Provenienz – überein. Ihre Schlußfolgerungen daraus unterschieden sich allerdings diametral. Schädigung der Volksgesundheit, Verfall der Sittlichkeit, Säuglingssterblichkeit und Vernachlässigung des Nachwuchses waren christlichen und bürgerlichen Kreisen Anlaß genug, vehement das völlige Verbot der Fabrikarbeit verheirateter Frauen zu fordern. Demgegenüber hielten die Sozialdemokraten, ausgehend von dem unumstößlichen Tatbestand der Frauenarbeit in der gesellschaftlichen Produktion, daran fest, daß auch verheirateten Frauen das Recht auf selbständige Lohnarbeit gesichert werden muß. »Der Weg einer Einschränkung (Halbtagsschicht) oder gar eines Verbots der Arbeit verheirateter Frauen ist für uns nicht gangbar. Die Arbeiterfrauen greifen nicht zum Vergnügen zur Lohnarbeit, sondern aus wirtschaftlicher Not, und eine Erschwerung oder ein Verbot der Arbeit außer dem Haus würde die Frau nur noch viel mehr in die ungeschützten Gebiete der Heimarbeit treiben.«[195]

Nur müsse industrielle Lohnarbeit schon unter kapitalistischen Verhältnissen auf andere Grundlagen gestellt werden: »Wenn also die Sozialdemokratie den Ausschluß der verheirateten Frau aus der Fabrik ablehnt und die wirtschaftliche Selbständigkeit auch der Ehefrau propagiert, so fordert sie gleichzeitig auch alle die Maßnahmen, die die Frauenarbeit schützen, den Fortbestand, bzw. das Emporblühen der Familie auf der neuen Grundlage der geistigen, wirtschaftlichen und sittlichen Selbständigkeit beider Ehegatten zu gewährleisten vermögen.«[196]

Bei aller Kritik der konkreten Arbeits- und Lebensbedingungen vollbeschäftigter Fabrikarbeiterinnen wurden schon damals auch progressive Tendenzen außerhäuslicher Lohnarbeit von Frauen nicht verkannt, sowohl was ihre subjektiv kulturellen als auch die objektiven sozial-

195 Resolution der sozialdemokratischen Frauenkonferenz am 22. und 23. September 1906 in Mannheim. In: Dokumente der revolutionären deutschen Arbeiterbewegung zur Frauenfrage 1848–1974, Leipzig 1975, S. 51.

196 Henriette Fürth: Die Fabrikarbeit verheirateter Frauen, S. 15.

ökonomischen Aspekte betraf. Einen entsprechenden Eindruck artikulierte Käthe Gaebel, als sie die Heimarbeitssituation mit der Fabrikarbeit verglich: »Die Vorteile der außerhäuslichen vor der Heimarbeit sind neben der begrenzten Arbeitszeit und der häufig besseren Entlohnung erziehliche, und diese hat sie auch vor der reinen Hausfrauenarbeit voraus: die Gewöhnung an feste Zeiteinteilung, regelmäßiges Aufstehen und der Zwang, sich für den Gang über die Straße sauber anzukleiden.«[197]

Höheren Verdienst, potentielle Freizeit, Disziplinierung des Verhaltens, Erfahrungs- und Bildungszuwachs, möglicherweise sogar Interesse und Freude am Produzieren nannte Henriette Fürth als persönlichkeitsfördernde Merkmale dieser Frauenberufstätigkeit. Und was ebenso wichtig war: In diesen Arbeitsbereichen existierten schon gesetzlich fixierter Arbeitsschutz und Sozialversicherung, hier waren auch die Solidarität und Organisiertheit der Arbeitenden am weitesten und erfolgreichsten ausgeprägt.[198]

Mutter vieler Kinder

»Die Ehe bringt Kindersegen, Mutterpflichten; der Zwang zu verdienen aber macht sich nach wie vor mit eherner Gewalt geltend. Ja, mehr noch: Er wird mit jedem Mäulchen verschärft, das gesättigt werden muß. Was das bedeutet? Oh, ihr schmerzensreichen proletarischen Mütter, die ihr eure Kinder nicht bloß pflegen und erziehen sollt, die ihr ihnen jeden Bissen Brot miterwerben müßt, ihr wißt es! Ein fieberhaftes, qualvolles Hin und Her zwischen der harten Brotfron und den verantwortungsvollen Pflichten der Mutter; Nächte ohne Schlaf, Feiertage ohne Rast und Freude!«[199] Diese Sätze über »Martyrium und Heldentum« proletarischer Mütter schrieb Clara Zetkin 1904, als sie in der »Gleichheit« die

197 Käthe Gaebel: Die Heimarbeit, S. 33.

198 Siehe Henriette Fürth: Die Fabrikarbeit verheirateter Frauen, S. 15/16.

199 Clara Zetkin: Im Zeichen des Klassenkampfes. In: Ausgewählte Reden und Schriften, Bd. I, S. 281/282.

Rechte einer verwitweten Textilarbeiterin auf ihre Kinder verteidigte. (Der Arbeiterin sollte das Vormundschaftsrecht entzogen werden, weil sie Mitglied einer sozialdemokratischen Gewerkschaft war – ein Tatbestand, in dem die Gefahr der Kindesvernachlässigung vermutet wurde.) An diesen »Fall« knüpfte Clara Zetkin allgemeine Probleme proletarischer Mutterschaft. Schon in den wenigen Worten scheint das Grundproblem und das subjektive Befinden der Frauen auf. Die materielle Not zwang sie, als Mutter mehr denn je, Geld zu verdienen, um das nackte Leben der Kinder zu erhalten. Es war jedoch weniger denn je Zeit vorhanden, ein Anspruch, den Nachwuchs nicht nur »großzufüttern«, sondern zu pflegen und zu erziehen, war bei zeitraubender und kräftezehrender Erwerbsarbeit kaum zu erfüllen, nicht einmal bei weitestgehender Selbstaufgabe der Frauen.

Viele Kinder aufzuziehen, das war die wichtigste soziale Funktion, die den Arbeiterfrauen aus der Sicht der herrschenden Klasse zugedacht war. »Proletarische Mutterschaft« wurde nicht nur in der Sozialdemokratie diskutiert, weil sie die Gemüter wegen der schlechten Existenzbedingungen der Arbeiterfamilie und wegen der problematischen Frauenlohnarbeit auf das heftigste bewegte. Ökonomische Interessen und moralische Dogmen der bürgerlichen Gesellschaft gerieten in Widerspruch, wenn an den uralten Fetisch »von Mutterliebe und Mutterkraft auch nur gerührt« wurde. Viele Äußerungen belegen, »daß selbst dem objektivsten Beobachter in diesem Punkte meist ein verschwommener Gefühlsnebel die Klarheit des Blickes trübt«[200].

In der kapitalistischen Realität konnte es für die Arbeiterklasse keineswegs um die Heiligung des »Muttertriebes« oder die Unantastbarkeit des individuellen Mutterglücks gehen. Hier stand aus der Sicht bürgerlicher Unternehmer die Sicherung des Arbeitskräftenachwuchses im Vordergrund. Sie schien durch zunehmende Frauenerwerbsarbeit und durch Wandlung des generativen Verhaltens der Proletarier in Frage gestellt.

200 Wally Zepler: Das Mutterschaftsproblem. In: Sozialismus und Frauenfrage, Berlin 1919, S. 78.

Geburtenhäufigkeit und Kinderzahl

Zahlreiche Schwangerschaften und Geburten erschienen den Frauen in werktätigen Klassen und Schichten im 19. Jahrhundert nicht als außergewöhnliches Schicksal. Es gehörte zum Leben einer Frau und wurde von den einzelnen geduldig ertragen – einmal mit Fatalismus, zum anderen aber auch mit Stolz, denn die Mutterschaft, christlich mystifiziert und verklärt, gesellschaftlich geschätzt, war die einzige Rolle, die Frauen über ihre sozial untergeordnete Position hinaushob. Und ohne Frage war (bei allem »Heldentum und Martyrium«) die Liebe zu den Kindern und die Genugtuung, wenn sie »gut gerieten«, im individuellen Empfinden der Proletarierin wichtigste Quelle von Freude und Selbstbestätigung.

Zehn bis zwölf Lebensjahre, davon wurde ausgegangen, waren vorwiegend oder ausschließlich von Mutterpflichten ausgefüllt. Eindeutige Angaben darüber, wieviel Schwangerschaften Arbeiterfrauen hatten, wie viele Kinder sie gebaren und durchbrachten, liegen nicht vor. Es gibt Angaben aus territorial begrenzten Untersuchungen, die, obwohl wenig differenzierend, einen Eindruck vermitteln. »Eine Befragung von 1000 Berliner Arbeiterfrauen (1905 und 1907), die mindestens 10 Jahre verheiratet waren, ergab, daß bei mehr als 8 Konzeptionen pro Ehe die Quote der Abtreibungen plus Säuglingssterblichkeit über 50 % lag. Das traf auf ca. ein Drittel der Ehen zu. Die insgesamt hohe Zahl der Konzeptionen pro Ehe (in 50 % 5–9 Konzeptionen, nur in 29 % weniger als 5) zeigt, daß die Geburtenkontrolle selbst in Teilen der großstädtischen Arbeiterschaft vor dem 1. Weltkrieg noch nicht sehr verbreitet war. Der Ausgleich zwischen dem Familieneinkommen und der Kinderzahl wurde ›offenbar weitgehend im Sinne der vorindustriellen Bevölkerungsweise über die Säuglingssterblichkeit, ergänzt durch Abtreibungen‹, herzustellen versucht.

Die Zahl der überlebenden Kinder war gleichwohl hoch. Familien mit wenigen Kindern waren die Ausnahme, kinderreiche Familien das Normale. Im Berliner Arbeiterviertel Wedding lag 1885 der Prozentsatz der

Aus dem »Wahren Jacob«

Haushalte mit mehr als fünf Kindern bei über 25 %, in Chemnitz um 1900 bei 20 %. In Hamborn hatten um 1910 von 3963 Familien nur 20 % 1–3 Kinder, 51,5 % 4–6 Kinder und 25 % 7–9 Kinder.«[201]

201 Heidi Rosenbaum: Formen der Familie, S. 434/435.

Ein Vergleich der durchschnittlichen Zahlen der Geborenen je Ehe (vor 1905 geschlossen und 1939 noch bestehend) aller sozialen Schichten ergab die höchste Zahl (6,05) bei Landarbeitern und die zweithöchste Zahl (4,67) bei städtischen Industriearbeitern.[202] Am unteren Ende der »Fruchtbarkeitsskala« rangierten die hochqualifizierten Facharbeiter in den Großstädten beziehungsweise die gelernten (Kieler) Werftarbeiter oder Arbeiter des graphischen Gewerbes. So hatten zum Beispiel deutsche Drucker um 1900 im Durchschnitt 2,03 Kinder; je städtischer die Familien lebten, desto kleiner wurde die Kinderzahl: Drucker in Berlin hatten durchschnittlich nur 1,74 Kinder.[203] Am oberen Ende der Skala standen die Ungelernten in den mehr noch von Handwerk und Gewerbe geprägten mittel- und kleinstädtischen Zentren. 5 bis 10 Kinder waren in ihren Familien keine Seltenheit.

Schwangerschaft und Wochenbett

Der Grundwiderspruch zwischen den alltäglichen Lebensbedingungen der Arbeiterfrauen und ihren Mutterpflichten prägte alle Stationen ihrer Mutterschaft – von der Schwangerschaft über Wochenbett und Säuglingspflege bis zur Kleinkinderversorgung. Diese mit erheblichen körperlichen und psychischen Belastungen verbundenen Leistungen – in begüterten Schichten immer mit Sorgfalt und großer Fürsorglichkeit ausgeführt – hatten Proletarierinnen »nebenher« zu bewältigen. Eine Schwangerschaft mußte oft, solange es ging, verborgen bleiben, damit die Arbeiterin ihre Erwerbsquelle nicht verlor. Um den unvermeidbaren Arbeitsausfall möglichst klein zu halten, war »die schwangere Frau genötigt, bis zum letzten Tag der Entbindung hart zu arbeiten, sei es im eigenen Haushalt, sei es in der Berufstätigkeit. Das bedeutet 11stündiges ... Stehen am Webstuhl, am Waschfaß mit geschwollenen Beinen und Krampfadern an den Füßen, ohne anderes Ausruhen als minutenweise verstohlenes Niedersitzen auf harten Bänken oder Ki-

202 Siehe ebenda, S. 433.
203 Siehe Peter N. Stearns: Arbeiterleben, S. 264.

sten. Es bedeutet schwere Feldarbeit oder rastloses Treten der Nähmaschine mit dem Fuße. Es bedeutet im besten Falle die Besorgung der Wirtschaft und der Kinder.«[204]

Nicht zuletzt daraus resultierten häufige Früh- und Fehlgeburten, Schwangerschaftsbeschwerden und Wochenbetterkrankungen. Komplikationen wurden, das ist vielfach dokumentiert, erheblich durch Arbeiten in bestimmten Industrien gefördert. Untersuchungen im Auftrage der Ortskrankenkasse Leipzig um 1910 wiesen aus, daß die Risiken der Schwangerschaft bei pflichtversicherten, also in Betrieben erwerbstätigen Frauen, deutlich höher waren als bei freiwillig versicherten, nichtberufstätigen. Der Unterschied war zu kraß, um ihn einer größeren Neigung zur Fruchtabtreibung bei den in Arbeit Stehenden zuzuschreiben. Als für die werdenden Mütter und ihren Nachwuchs besondes schädigend hatten sich solche Tätigkeiten erwiesen, in denen mit Bleiverbindungen gearbeitet wurde, zum Beispiel in der Metallverarbeitung, im Steingut- und Töpfergewerbe, in Buchdruckereien, bei der Glasfabrikation und sogar in der Schneiderei und Wäschefabrikation (durch »chargiertes«, das heißt in Bleiessig getränktes Garn).[205]

Aber nicht nur die akuten Anforderungen einer Schwangerschaft und direkt gesundheitsschädigende Arbeit, sondern die Überschneidung mehrerer ungünstiger Lebensumstände – schlechte Ernährung, Arbeitsüberlastung und allzu häufige Geburten – schwächten auf Dauer den Organismus der Frauen. Ihr Allgemeinzustand war schlecht, die Anfälligkeit für Krankheiten, besonders für sogenannte Frauenleiden, groß. Arbeiterinnen alterten früh.

Ähnlich belastend waren mangelnde Schonung und umgehendes Weiterarbeiten nach der Geburt. Gesetzlich war der Wöchnerin eine Arbeitsruhe von vier Wochen zugesichert, die Unterstützung der Krankenkasse dagegen so gering, daß kaum eine Frau mit dem Ver-

204 Henriette Fürth: Die Mutterschaftsversicherung, Jena 1911, S. 9.

205 Siehe Jürgen Kuczynski: Geschichte des Alltags des deutschen Volkes. Studien 4, S. 404/405.

dienst solange aussetzen konnte. Die Hausarbeit, durch die Geburt in Rückstand geraten, drängte ohnehin. Deshalb war es eine im »Arbeiterstande« selten durchbrochene Norm, »daß die Frau schon am ersten, gewöhnlich aber am dritten Tage nach der Niederkunft die Hausarbeit wieder aufnimmt, die Wäsche selbst besorgt u. dergl. m.«[206]. Die Gepflogenheiten in der Familie Bromme bestätigen dies: »Stets krabbelte meine Frau schon am zweiten Tage nach ihrer Niederkunft einmal aus dem Bett, und am dritten, spätestens aber vierten Tage stand sie wieder auf und versorgte ihre Wirtschaft wie zuvor. Nach 8 Tagen nähte sie auch wieder ...«[207]

Kampf um Schwangeren- und Wöchnerinnenschutz

In Kenntnis der Belastungen, die mit Schwangerschaft und Wochenbett auf alle Proletarierinnen zukamen, erarbeiteten sozialdemokratische Frauen auf ihrer Konferenz 1906 in Mannheim einen Katalog von Bedingungen, unter denen Erwerbsarbeit und Mutterschaft weniger schwer zu vereinbaren wären. Ihre Forderungen bezogen sich auf die allgemeinen Arbeitsbedingungen für Frauen als zukünftige Mütter (Ausschluß von gesundheitsschädigenden Tätigkeiten, Achtstundentag), besonders aber auf die arbeits- und krankenversicherungsrechtlichen Seiten des Schwangeren- und Wöchnerinnenschutzes. Kündigungslose Einstellung der Arbeit 8 Wochen vor der Geburt und Ausdehnung des Arbeitsverbots auf 8 Wochen nach der Geburt (wenn das Kind lebt) sowie die finanzielle Sicherung in der Schutzfrist (Pflegegeld in voller Höhe des durchschnittlichen Tagesverdienstes), Krankenversicherungspflicht für lohnarbeitende Frauen und freie Gewährung von Arzt- und Hebammendiensten waren die dringlichsten Punkte.[208]

206 Henriette Fürth: Die Fabrikarbeit verheirateter Frauen, S. 30.

207 Moritz Theodor William Bromme: Lebensgeschichte eines modernen Fabrikarbeiters, S. 240.

208 Siehe: Resolution der sozialdemokratischen Frauenkonfe-

In ihrer Schrift »Die Mutterschaftsversicherung« führte Henriette Fürth weiter aus, was in der Resolution von 1906 ebenfalls schon angeklungen hatte: die Vervollkommnung der Wochenbettpflege und der Säuglingsfürsorge. Kostenlose Verpflegung im Wochenbett, Besorgung des Hauswesens durch Kräfte der Hauspflege, Anstaltspflege für ledige und bei Bedarf auch für eheliche Mütter, kostenlose Beanspruchung von Hebammen und Ärzten sowie Stillprämien sollten nach ihrem Sozialprogramm den Frauen seitens der Gesellschaft (des Staates) zugesichert werden.[209]

Bemerkenswert war, daß hier nicht mehr nur für die lohnarbeitenden Frauen und ihre durch die Gewerbeaufsicht einklagbaren Rechte gesprochen wurde. Henriette Fürth wies gleichzeitig auf die Bedürftigkeit und Schutzlosigkeit jener Proletarierinnen hin, die ausschließlich Hausfrauen waren: »Sie nehmen all die Überlast, Öde und Aussichtslosigkeit ihres Daseins, all die Kümmernisse und Beschwerden, all die Krankhaftigkeit und das Siechtum, die ihnen so oft aus der doch so natürlichen Funktion der Mutterschaft erwächst, als eine unentrinnbare, durch niemand und nichts zu erleichternde Last auf sich!«[210] Es war der folgerichtige Schluß aus solcher Beobachtung, auch für diese Frauen unentgeltliche medizinische Betreuung und Fürsorge zu fordern.

Öffentliche Mütterberatungs- und Säuglingsfürsorgestellen entstanden nach 1880 in einigen deutschen Städten. Es waren die Anfänge »sozialhygienischer« Maßnahmen des Staates, der damit nationalen und ökonomischen Interessen entsprach, um die »Volksgesundheit« zu stabilisieren. Den Institutionen zur »Disziplinierung des Aufzuchtverhaltens« der ärmeren Schichten folgten in den Jahren bis zum Weltkrieg entsprechende Einrichtungen der Kleinkinderfürsorge, der Schulgesundheitspflege und der Jugendfürsorge.

renz am 22. und 23. September 1906 in Mannheim. In: Dokumente der revolutionären deutschen Arbeiterbewegung zur Frauenfrage 1848–1974, S. 52/53.

209 Siehe Henriette Fürth: Die Mutterschaftsversicherung, S. 51.

210 Ebenda, S. 16.

Die ungünstigen Voraussetzungen der Arbeiterfrauen, Mutter zu werden und Mutter zu sein, bargen unmittelbare Nachteile für ihre Kinder. Nicht nur, daß die Säuglingssterblichkeit im Proletariat im Vergleich zu anderen Bevölkerungsschichten am höchsten war – Arbeiterkinder hatten auch später, wie schul- und militärärztliche Befunde wiederholt zeigten, eine schwächere körperliche Konstitution als der Nachwuchs anderer Schichten. Wie schon die Situation der Mütter, war auch dieses soziale Übel Gegenstand vieler engagierter Proteste und Forderungen geworden. Otto Rühle, der so umfassend wie kein anderer die Lage der proletarischen Kinder erforscht hat, glaubte nicht an humane Wendungen dieser Probleme im Klassenstaat. Er beschrieb die Kinder und ihre Mütter immer als Opfer der brutalen kapitalistischen Wirklichkeit. Das proletarische Kind, so faßte er zusammen, »entstammt einer fast durchgängig stark degenerierten, mit allen Merkmalen der Minderwertigkeit behafteten Klasse, ist erzeugt von Vätern, die durch Überarbeit, Berufsnervosität, Unfall oder Alkohol zerrüttet sind, geboren von Müttern, deren von Unterernährung, Wochenbetten, Haus- und Fabriksklaverei erschöpfter Körper ihm nur ein Minimum an Lebenskraft mitgeben kann. Es hungert schon im Mutterleibe, wird als Embryo in gesundheitsgefährlichen Betrieben, wo die Mutter frohnden muß, vergiftet; kommt mit geschwächter, verkümmerter Konstitution degeneriert, mißgebildet oder verkrüppelt zur Welt. In Kellerlöchern und Dachstuben, lichtlosen und muffigen Hofwohnungen, in übervölkerten Mietskasernen und Wohnbaracken wächst es dann heran, befallen von Skrofulose, verkrümmt und verelendet durch Rachitis, gepeinigt von dem ganzen Heer der Kinderkrankheiten, die im stickigen Brodem der Elendsquartiere wuchern und wüten.«[211]

Kompromißloser als andere Sozialkritiker seiner Zeit hat Rühle hier die kapitalistische Wirklichkeit von »Kinderglück« und »Mutterfreuden« in ihren Ursachen und Perspektiven gezeigt, absichtlich einseitig, nur in ihren nachteiligen Zügen. Auch er wußte, daß solch ab-

211 Otto Rühle: Die Seele des proletarischen Kindes, S. 35.

grundtiefes Elend für die Lebensbedingungen eines Teils der Proletarier schon nicht mehr typisch war, daß sich die Arbeiterklasse allein mit degenerierten, lebensschwachen Angehörigen niemals zu ihrer derzeitigen Stärke hätte entwickeln können. Dennoch war das, was Rühle schildert, solange kapitalistische Verhältnisse bestanden, immer noch Gegenwart für viele Arbeiter und drohende Gefahr für alle. Und er beschwört diese Gefahr völlig zu Recht, um einem Nachlassen im sozialen Kampf, einem Zufriedengeben mit dem Erreichten entgegenzuwirken.

Am Jahrhundertende war demographischen Untersuchungen zufolge die Säuglingssterblichkeit auch bei Arbeiterfamilien deutlich zurückgegangen. Zeitgenössische Deutungen ihrer bis dahin katastrophalen Ausmaße hatten als Hauptursache Ernährungsstörungen benannt, die daraus resultierten, daß Mütter ihre Kinder immer seltener und nicht lange genug stillten. Gegen die Zwänge der Erwerbstätigkeit kamen »Stillpropaganda« und »Stillprämien« bürgerlicher Wohlfahrtseinrichtungen nicht an. Auch in begüterten Schichten (wo außerdem Ammendienste gekauft werden konnten), besonders aber in städtischen Arbeiterfamilien, wurde Muttermilch durch »künstliche Nahrung« ersetzt. Diese war offensichtlich weniger verträglich als die traditionell schon immer als Zusatz gefütterten Breie und Suppen. Bei den Ärzten bekannt und gefürchtet war der »Sommergipfel« der Sterblichkeit, zurückzuführen auf die größere Verderblichkeit der Lebensmittel bei Hitze.

Die prinzipielle Qualitätssteigerung der künstlichen Nahrung gewann deshalb zentrale Bedeutung für eine Senkung der Sterblichkeitszahlen. Das gelang mit der industriellen Verarbeitung von Milchprodukten und mit Hilfe der behördlichen Lebensmittelüberwachung. Weitere wichtige Ursachen eines Rückgangs der Säuglingssterblichkeit waren die allmähliche Verbesserung der Wohnbedingungen, der hygienischen Anlagen und der medizinischen Versorgung. Während das gleichzeitige Sinken der Kindersterblichkeit weitgehend auf erfolgreicher Eindämmung der Seuchen und epidemischen Kinderkrankheiten beruhte, war die Tatsache, daß weniger

Säuglinge starben, außerdem das Ergebnis eines gewandelten »Pflege- und Aufzuchtverhaltens«.[212]

Die Kinderversorgung in den Arbeiterfamilien gewann einen höheren Stellenwert, der Aufwand nahm zu. Das drückte sich nicht nur in der Verwendung von modernem Milchpulver, sondern ebenso in wachsender Zuwendung und Sorgfalt dem Nachwuchs gegenüber aus. Dieses Verhalten war in die umfassende Neuorientierung der proletarischen Familienlebensweise eingebettet. Sie wurde ursächlich durch gesundheitsbezogene Leistungsanforderungen der intensivierten Arbeit und günstigere ökonomische Voraussetzungen ausgelöst, veränderte Ansprüche der Menschen an ihr privates Leben außerhalb der Arbeitszeit zu befriedigen.

Familienplanung im Proletariat

In direktem Zusammenhang mit dem Bestreben, die häuslichen Daseinsbedingungen der Erwachsenen und Heranwachsenden annehmbarer zu machen, standen deutliche Anzeichen von »Familienplanung«. Seit den 60er Jahren waren in allen europäischen Industrieländern, vorrangig in den Städten, die Fruchtbarkeitsraten gesunken. Das galt auch für Deutschland, obwohl es noch 1917 den größten Geburtenüberschuß aller »Kulturländer« verzeichnete. Dessenungeachtet wurde hier durch Gesetze und Propaganda gegen den Geburtenrückgang angegangen.

Aus damaligen medizinischen und soziologischen Studien und aus Autobiographien wird deutlich, daß nicht zuletzt Arbeiterfamilien dazu übergegangen waren, weniger Kinder zu wünschen und auch zu haben. Die zeitgenössischen und kulturhistorischen Erklärungen dieses neuen demographischen Sachverhalts weisen eine breite Skala möglicher Hintergründe aus. Die Ideologen

212 Adelheid Castell: Unterschichten im »Demographischen Übergang«. Bedingungen des Wandels der ehelichen Fruchtbarkeit und Säuglingssterblichkeit. In: Vom Elend der Handarbeit. Probleme historischer Unterschichtenforschung, Stuttgart 1981, S. 378.

der Herrschenden führten vor allem die Frauenemanzipation, die Sozialdemokratie, die schwindende Religiosität der Proletarier und ihren mangelhaften Familiensinn als Ursachen an. Jene Kommentatoren, die das gewandelte generative Verhalten der Arbeiter positiv, als kulturellen Fortschritt werteten, vermuteten dagegen, gewachsener Familiensinn und zunehmendes Interesse und Verantwortungsbewußtsein ihren Kindern (und ihrer Frau) gegenüber seien das Motiv.

Familienplanung unter Arbeitern war ein Versuch, die Bedingungen, unter denen das individuelle Leben abläuft, selbstbestimmter zu regeln. Sowohl kurzfristige wirtschaftliche Gründe als auch eine erweiterte Perspektive der Arbeiter auf ihr persönliches Befinden und auf die Zukunft ihrer Kinder verbanden sich hier. Weniger Kinder großzuziehen konnte besseres Auskommen, bequemeres Leben der Erwachsenen, mehr Platz, mehr Nahrung für alle Familienmitglieder, eine schönere Kindheit, vielleicht eine Berufsausbildung für die Heranwachsenden bedeuten. Weniger Schwangerschaften und eine geplante Geburtenfolge hieß, die Arbeitsfähigkeit der Frauen zu erhalten und ihre Gesundheit zu schonen. Verhütungsmittel anzuwenden bedeutete außerdem, die lähmende Angst vor erneuter Schwangerschaft zu mindern und setzte so zumindest die *Möglichkeit* genußreicher sexueller Beziehungen auch für die Frauen.

Auskünfte über die soziale Differenzierung und Verbreitung der Familienplanung sind knapp. Nach heutigen Maßstäben nicht repräsentative Befragungen des Berliner Arztes und Sexualforschers Max Marcuse und des Würzburger Gynäkologen Polano vermitteln einige Anhaltspunkte. »Unter den befragten Frauen, die Geburtenkontrolle praktizierten, waren die Gründe dafür: ›soziale Bedingungen – hohe Preise, niedrige Löhne, Arbeitslosigkeit‹ (45 %); ›Angst vor Geburten, Schwäche u. Krankheit‹ (28 %); ›der Wunsch, Geburten über einen Zeitraum zu verteilen‹ (7 %); Verschiedenes (1,5 %).«[213]

213 Robert P. Neumann: Geburtenkontrolle der Arbeiterklasse im Wilhelminischen Deutschland. In: Arbeiter in Deutschland. Studien zur Lebensweise der Arbeiterschaft im Zeitalter der Industrialisierung, Paderborn 1981, S. 202.

Aus Polanos Studie von 1914 stammen die folgenden vergleichenden Zahlen:[214]

	keine antikonzeptionellen Maßnahmen	antikonzeptionelle Maßnahmen
114 Bauernfrauen	59 (52 %)	55 (48 %)
148 Arbeiterfrauen	42 (28 %)	106 (72 %)
137 Handwerkerfrauen	42 (31 %)	95 (69 %)
68 Beamtenfrauen	13 (19 %)	55 (81 %)

Nach Marcuses Aussagen, der 1911 bis 1913 ausschließlich Frauen von Mechanikern, Sattlern, Maurern und angelernten Fabrikarbeitern erfaßte, praktizierten 64 Prozent verschiedene Arten von Geburtenregelung, einschließlich Abtreibung. Seine Studien von 1916 ergaben dann, daß etwa zwei Drittel der Befragten Verhütungsmaßnahmen der einen oder anderen Form anwandten.

Zusammenfassend kann angenommen werden, daß gegen 1914 etwa 65 bis 75 Prozent der Arbeiter Einfluß auf die Zahl der Schwangerschaften und der Geburten zu nehmen versuchten.[215] Dennoch wuchsen in Arbeiterfamilien im Durchschnitt 4 bis 5 Kinder heran. Das könnte einmal daraus folgen, daß die Kenntnisse über die Verhütung und die Mittel dazu nur zögernd und begrenzt verbreitet wurden. Zum anderen gab es innerhalb der Arbeiterschaft und auch in den einzelnen Ehen widerstreitende Ansichten. So wirkte damals noch die berechtigte Sorge um ein Auskommen im Alter einer drastischen Beschränkung des Nachwuchses entgegen. Für männliche Arbeiter galt weiterhin vielfache Vaterschaft als Beweis von Potenz und Leistungsfähigkeit. Sie waren stolz auf zahlreiche Kinder und weitgehend unbekümmert, wie ihre Frau damit zurechtkam. Gegen Verhütungsmittel hatten viele Männer persönliche Vorbehalte, fanden sie »unnatürlich«, unbequem und lusthemmend. Nach der Jahrhundertwende, als auch sie sich mehr mit Familienbelangen identifizierten, veränderte sich diese Einstellung.

214 Ebenda, S. 195.
215 Siehe ebenda, S. 196.

In Adolf Levensteins sozialpsychologischen Recherchen von 1912 sprachen bereits einige Arbeiter den Wunsch nach Geburtenregelung aus, hofften – mitunter etwas ratlos –, keinen Familienzuwachs mehr zu bekommen, weil sie besser leben und den Kindern mehr bieten wollten. Dennoch waren es zumeist die Frauen, die die Initiative ergriffen, um die Kinderzahl auf ein Minimum zu beschränken.

»Über welche Arten der Geburtenkontrolle verfügten Angehörige der Arbeiterklasse in der Dekade vor dem Ersten Weltkrieg? Über dieselben, die es auch heute noch gibt, ausgenommen die hormonellen und die weiterentwickelten intrauterinen Mittel. Abgesehen von Kindestötung, blieb Abtreibung, was sie die gesamte europäische Geschichte hindurch gewesen war: der letzte verzweifelte Versuch, seine Nachkommenschaft klein zu halten. Coitus interruptus, schon im Alten Testament erwähnt, war immer noch die am meisten verbreitete Verhütungsform. Das Kondom gab es schon lange, wurde aber erst zum Massenartikel, nachdem die Vulkanisierung des Gummis in den 1840er Jahren entdeckt worden war. Um dieselbe Zeit herum wurde das Pessar entwikkelt, das sich – mit Ausnahme von Zusätzen von spermioziden Cremes – seit den 1880er Jahren nicht wesentlich verändert hat. Jahrhundertelang hatten Mediziner immer wieder auf die sogenannten ›sicheren Zeiten‹ im Zyklus hingewiesen, jedoch konnte man diese bis vor kurzem kaum mit Gewißheit voraussagen, und überhaupt war die Kenntnis des menstruellen Zyklus noch so unterentwickelt, daß ein Autor für diese Verhütungsmethode den Begriff ›Vatikanisches Roulette‹ prägte. Dies trifft sicherlich für den Ratschlag einer deutschen katholischen Autorität zu, die in den 1880er Jahren ihren Lesern die Mitte zwischen dem Ende und dem Anfang der Menstruation als die einzigen ›sicheren Tage‹ für den Geschlechtsverkehr empfahl. Schließlich vervollständigt die Anwendung von Spülungen und verschiedenen Watte- oder Schwammtampons die Liste der um 1900 möglichen Verhütungsmittel.«[216]

216 Ebenda, S. 193/194.

Auf das wachsende Bedürfnis größerer Bevölkerungsschichten, die Kinderzahl zu beschränken, reagierte noch vor dem ersten Weltkrieg eine rasch expandierende »Schutzmittelindustrie«. Sie durfte zwar produzieren, nach dem Unzuchtparagraphen des Bürgerlichen Gesetzbuches jedoch nicht für die Erzeugnisse werben. Verschlüsselte Anzeigen, Handel unter dem Ladentisch und Hausierer brachten die Ware an die Käuferinnen. Das einzige von Männern anzuwendende Mittel – die Präservative – durften aus gesundheitspolitischen Gründen öffentlich angeboten werden. Von verheirateten Arbeitern wurden sie aus finanziellen und funktionellen Gründen ungern benutzt. Für die Arbeiterfrauen blieben viele der angebotenen mechanischen und chemischen Verhütungsmittel unerschwinglich. Sie mußten sich auf andere Weise behelfen, was in den meisten Fällen nicht Verhüten, sondern Abtreiben hieß. Die »Volkskunde« der Geburtenregelung – ausgedehntes Stillen, konzeptionsverhütende oder abtreibende Tees und Aufgüsse bestimmter Gartenkräuter – war nur noch in ländlichen Gebieten gegenwärtig. Städtische Arbeiterfrauen kannten sie nicht mehr, beziehungsweise nur noch wenige von ihnen kannten solche Mittel und machten bisweilen ein »Geschäft« daraus. So berichtete eine von Marcuse interviewte Arbeiterin: »Die Frau eines Kollegen meines Mannes hat mir einen Tee gemischt, der auch bei ihr jedesmal geholfen hat. Sie hat schon 5mal ›gekippt‹ danach. Bei mir hat er auch großartig gewirkt. Was in dem Tee drin ist, weiß ich nicht. Die Frau behält ihr Geheimnis für sich und verdient ein schönes Stück Geld damit. Der ganzen L.-Straße hat sie damit geholfen.«[217]

Ziemliche Verbreitung fand bei Arbeiterfrauen die Methode der Scheidenspülung mit Irrigatoren oder sogenannten Mutterspritzen. Eine ehemalige, einst im Berliner Wedding tätige Fürsorgerin erinnerte sich: »Die ersten Mutterspritzen wurden in der Arbeiterfamilie greifbar zwischen 1906 und 1910. Die wurden langsam be-

217 Max Marcuse: Der eheliche Präventivverkehr, seine Verbreitung, Verursachung und Methodik. Dargestellt und beleuchtet an 300 Ehen, Stuttgart 1917, S. 767.

kannt und wurden unter dem Ladentisch verkauft. Faßseife – das war das Billigste. Das hatte jede Frau in der Küche, weil sie ihre Wäsche damit gewaschen hat. Die Konzentration der Seife hatte zum Effekt: Abtötung der Frucht – der Abort durch Verätzen. Der Durchschnitt der Arbeiterfrauen wurde in der Regel 36 bis 38 Jahre alt. Sie waren verletzt oder unterleibskrank. So nannte man das damals: unterleibskrank durch viele Aborte.«[218] Bemerkenswert die zeitgenössischen Tarn- und Reklamebezeichnungen für die »Mutterspritze«: »Lady's friend and doctor«, »Niagara«, »Incognito-Dusche«, »Frauenglück«.

Neben dieser schon fast routinierten Selbsthilfe der Frauen sind noch weitere, ebenso brutale Praktiken zu »kippen«, das heißt die Frucht gewaltsam loszuwerden, überliefert: vom Schrank springen, Schwerstarbeit, Stochern mit Quirl oder Haarnadeln, Glühwein und als »letzte Rettung« die »Hilfe« von Hebammen oder Kurpfuscherinnen.

Bei all diesen verzweifelten Versuchen, eine Schwangerschaft abzubrechen, drohte der Frau und ihren »Helfern« Zuchthaus. Mit dem seit 1872 für das Deutsche Reich geltenden Strafrecht wurde gemäß den Paragraphen 218 bis 220 jede Form der Abtreibung als kriminell geahndet. Hunderte von Frauen wurden jährlich deshalb verurteilt. Weit mehr erkrankten schwer, viele gingen elend zugrunde, weil sie aus Angst vor der Strafe bei Komplikationen keinen Arzt aufgesucht hatten.[219]

Für Damen aus begüterten Familien war unerwünschte Schwangerschaft kein lebensbedrohendes Problem. Sie konnten in privaten Kliniken ihre »Unpäßlichkeiten« diskret und sicher bereinigen lassen. Proletarierinnen blieben immer auf verbotene, selbstzerstörerische Möglichkeiten angewiesen, das um so häufiger, als es ihre Männer ablehnten oder vergaßen, sich »vorzusehen«. Verweigerten die Frauen den Geschlechtsverkehr, riskierten sie nicht nur ihren »Ehefrieden«, sondern,

218 Anneliese Bergmann: Frauen, Männer, Sexualität und Geburtenkontrolle. Zur »Gebärstreikdebatte« der SPD 1913. In: Frauen suchen ihre Geschichte, München 1983, S. 84.

219 Siehe August Bebel: Die Frau und der Sozialismus, S. 112.

abermals mit dem Gesetz in Konflikt zu kommen, denn im bürgerlichen Familienrecht war der eheliche Beischlaf als einklagbare Pflicht verankert.

Sozialdemokratie und Geburtenregelung

Die Angst der herrschenden Klasse vor dem »Gespenst der Entvölkerung« und vor dem »Verlust germanischer Fruchtbarkeit« war beträchtlich. Die politisch Schuldigen am geburtenbeschränkenden Verhalten von Arbeitern sah man in der Sozialdemokratie, die ihre Anhänger angeblich zur Verwendung von Verhütungsmitteln und damit – wie man meinte – zu einem Leben voller sexueller Ausschweifungen anhielt. Diese Unterstellung paßte in das demagogische Repertoire ähnlich lautender Beschuldigungen, das von der »Weibergemeinschaft« über die »Familienfeindlichkeit« bis zu der von der »Verstaatlichung des Nachwuchses« reichte. Mit ihnen sollte die sozialistische Weltanschauung verteufelt werden, besonders bei den Frauen und Müttern.

In Wirklichkeit waren sozialdemokratische Stellungnahmen, die das Familienleben, die Intimsphäre der Arbeiter betrafen, eher zurückhaltend und nicht auf Massenbeeinflussung aus. Hier gab es keinen einheitlichen Standpunkt; gegenüber der Geburtenbeschränkung überwog in der öffentlichen Diskussion eher die Ablehnung. Als um 1910 im Berliner Hausarztverein die sozialdemokratischen Ärzte Julius Moses und Alfred Bernstein Arbeiterfrauen in populären Vorträgen über Verhütungsmethoden aufklärten, war das ihre persönliche Initiative, keineswegs Parteiarbeit. Bernstein und Moses sprachen provokativ von »Gebärstreik« und meinten die Verweigerung der Frauen, dem kapitalistischen Staat unbegrenzt Arbeitskräfte und Soldatennachwuchs zu gebären. Dahinter setzten sie das Konzept, die herrschende Klasse zu Reformen der Gesundheits- und Familienpolitik zu zwingen. Viele Arbeiterinnen, auch Sozialdemokratinnen, standen den Argumenten der beiden Ärzte positiv gegenüber, korrespondierte doch deren sozialpolitische Begründung der Geburtenbeschränkung

„Was, die Kinder gehören alle Ihnen? Wie pervers!"

Aus dem »Wahren Jacob«

unmittelbar mit ihren individuellen Belangen als überlastete Frauen und sorgende Familienmütter.

In die revolutionäre, auf baldige Umwälzung der gesamten kapitalistischen Ordnung gerichtete politische Arbeiterbewegung waren spezifische Interessen individueller Lebensgestaltung noch nicht einzuordnen. Sie wurden als dem Klassenkampf und der Stärke des Proletariats abträglich bewertet. So hieß es im »Vorwärts«: »Diese Beweisführung, die von Tausenden Proletariermüttern mit dem ganzen Gefühl eigener bitterer Erfahrungen wiederholt wird, ist, so bestechend sie auch erscheinen mag, nichtsdestoweniger *falsch*. Nicht die geringe Kinderzahl ist der Weg zur sozialistischen Erkenntnis und Politik ...«[220] Weitere Artikel des »Vorwärts« und zwei vom Berliner Verbandsvorstand der SPD im August 1913 veranstaltete Massenversammlungen zum Thema »Gebärstreik« lösten in den Publikationsorganen der SPD eine umfängliche Debatte aus. Hier wurde nicht nur der Klassenkampfstandpunkt der Partei erhärtet. Erstmals kam es zu einem Meinungsstreit über die politische Relevanz der privaten Lebensweise der Klassenangehörigen. Darin klangen auch kulturelle, emanzipatorische Belange der Frauen – etwa die der Selbstbestimmung über ihren Körper, über ihre Gebärfähigkeit – an. Eine Diskussion hatte begonnen, die in der Arbeiterbewegung noch lange anhalten sollte und erst mit der kommunistischen Bewegung gegen den Paragraphen 218 in den 20er Jahren unseres Jahrhunderts die notwendige Konsequenz erhielt.

Persönlichkeitsentwicklung der Arbeiterfrauen in Ehe, Familie und Gesellschaft

Alle Zuständigkeiten in der proletarischen Familie lagen fest. Aus der Arbeitsteilung zwischen Mann und Frau ergaben sich zwangsläufig voneinander abweichende Lebensbedingungen, ein unterschiedlicher Tagesablauf und eine fast konträre persönliche Entwicklung. Wie kamen nun Arbeiterfrauen und Männer *miteinander* aus? Welche Gemeinsamkeiten und welche Konflikte bestimmten ihre Ehe? Und was blieb den Frauen für sich selbst? Was hatten sie vom Leben?

Diese Fragen lassen sich nicht erschöpfend beantworten, denn die unmittelbar Betroffenen – Arbeiterfrauen mit Familie – vermochten sich in eigener Sache (publizistisch) nicht zu äußern. Einer der seltenen authentischen Übermittler des Lebens in der Proletarierehe – nämlich seiner eigenen – war der schon mehrfach zitierte Fabrikarbeiter Moritz Bromme. Seine Autobiographie enthält aufschlußreiche Passagen zu diesem Thema. Entsprechende Reflexionen Außenstehender bestanden in kul-

220 Aus der Frauenbewegung. In: Vorwärts, 31. Juli 1913, S. 7.

turtheoretischen Folgerungen aus sozialwissenschaftlichen Untersuchungen. Auch bürgerliche Frauenrechtlerinnen und führende Sozialdemokratinnen haben sich zu dieser Problematik engagiert geäußert. Den unterschiedlichen Blickwinkeln entsprechend, spannten sie den Bogen von der sachlichen Auflistung und Interpretation der Fakten zur Entlohnung, Arbeitszeit, Freizeit, zum Qualifizierungs- und Organisationsgrad, zum Ernährungs- und Gesundheitszustand der Frauen; gingen über eine anklagende Summierung aller Leiden und Zumutungen des weiblichen Daseins und gipfelten in der von Zuversicht in die sozialistische Zukunft getragenen Hervorhebung schon sichtbarer Anzeichen der »Frauenbefreiung«.

Konflikte in Arbeiterehen

Dem Manne Moritz Bromme machte das schwere Los seiner Frau, deren Unzufriedenheit und Verbitterung zu schaffen. Er fürchtete »Gardinenpredigten« wie die folgende, bei denen sie »immer das Oberwasser« behielt, weil er ihnen kaum etwas entgegenzusetzen hatte: »›Ich muß arbeiten, daß ich durchkomme, die Kinder brauchen wieder alle Kleider und Schuhe, das Bett ist noch zu bezahlen, auch der Sofatisch, auch das und jenes. Sonntags kommen die Leute gelaufen und wollen Geld haben, Du kümmerst Dich nicht drum, die ersten Jahre mußte ich sogar noch für den Hauszins sorgen. Du läufst die Woche 3, 4 und 5 Abende in Partei-, Verbands- oder Konsumvereinssitzungen, und alles kostet Geld; mir machst Du nichts weis. Wenn ich mir da andere Männer bedenke. Die helfen ihrer Frau viel mehr als Du, sehr selten bekommt man von Dir einen Eimer Wasser geholt. Da kommst Du Abends heim, redest nicht mit mir, gibst kurze grobe Antworten, schreibst, liest, bis Du einschläfst und mir dann die halbe Nacht hindurch wieder eine Kugel voll Öl verbrannt hast. Das nennst Du Ehe. Die Partei und Deine guten Freunde, denen doch meist die Falschheit aus den Augen schaut, die gehen vor. Sogar die Schuhe muß ich Dir noch putzen, wenn ich nicht haben will, daß Du ungewichst gehst. Dafür wird man kurz und grob behandelt.‹«[221]

Immer wieder Geldmangel, aber auch die geringe Wertschätzung ihrer Mühe, das Alleingelassenwerden mit den Alltagssorgen, die Empörung über egoistisches, liebloses Verhalten des Mannes – alles, was Frau Bromme so herausschrie, bot allgemein den Stoff für Streit in Arbeiterehen. Dabei gehörte Bromme zu den Männern, die verständnisvoll und solide waren. Er hing an seiner Familie, gab weder Anlaß zur Eifersucht, noch war er Trinker und hat, wie er mehrfach stolz betonte, seine Frau nie geschlagen. Bromme unterstrich gerade dies zu Recht, denn nicht selten wurden Arbeiterfrauen unmittelbar zum »Sündenbock der Demütigungen, welche der Mann erfahren«, und hatten physisch und seelisch unter seiner »Verstimmung« zu leiden.[222]

Wurde die finanzielle Not drückend, dann verschlechterte sich das Klima in den Arbeiterfamilien. Und wenn der Mann trank, spitzten sich die Konflikte dramatisch zu. Anhaltspunkte für gewalttätige Auseinandersetzungen und aggressive Entladungen des Vaters (wie sie Adelheid Popp und Aurelia Roth in ihren Kindheitserinnerungen schilderten) finden sich in vielen frühen proletarischen Lebenserinnerungen.

Alkohol galt als schlimmer Feind des Familienfriedens. »Die Ehen, in (denen) die Trunksucht den Mann zur grausamen Bestie macht, sehen einander zum Verzweifeln ähnlich. In wie großen Zwischenräumen der Mann betrunken heimkehrt, hängt von den Lohnzahlungen und dem Grade des sittlichen Verfalls ab. Es gibt unregelmäßige Trinker, Monatstrinker, Sonnabendstrinker und solche, die fast Tag für Tag ihrer Sinne nicht mächtig die Familie aufsuchen. Je häufiger dem Laster gefröhnt wird, um so mehr muß die Frau von dem, was sie erworben hat, direkt zur Befriedigung des unseligen Bedürfnisses beitragen, es wird ihr Morgen für Morgen

221 Moritz Theodor William Bromme: Lebensgeschichte eines modernen Fabrikarbeiters, S. 355/356.

222 Clara Zetkin: Zeichen der Morgendämmerung. In: Ausgewählte Reden und Schriften. Bd. I, S. 18.

durch Drohungen und Mißhandlungen abgerungen. Die Haupttragödien aber spielen sich abends ab!«[223]

Solche Schilderungen aus dem proletarischen Familienalltag galten vor allem Zuständen, wie sie in den siebziger Jahren des 19. Jahrhunderts beobachtet werden konnten. Zu dieser Zeit hatte der Alkoholkonsum von Arbeitern seinen Höchststand erreicht, war Schnaps für die Männer erstes (und neben dem Sex einziges) Genußmittel gewesen. Zum Ende der Industrialisierungsphase setzte ein Rückgang des Verbrauchs von Alkohol ein, war er als permanentes Betäubungsmittel nicht mehr typisch. Nicht nur, daß für Industriearbeiter zu den Arbeitsanforderungen jetzt »Nüchternheit« und ein »klarer Kopf« gehörten – auch die Bedingungen des Lebens nach Feierabend, die Voraussetzungen, sich zu erholen, sich für den nächsten Tag zu stärken, waren reichhaltiger geworden. Sie schlossen mehr als vorher für viele Arbeiter zumindest den Versuch ein, Ruhe und Entspannung in den eigenen vier Wänden zu finden und ein friedliches Familienleben zu führen.

Das bedeutete nicht, daß damit das Eheleben reibungslos verlief. Anlaß für Konflikte gab es nach wie vor genug. Mit den wachsenden Anforderungen an die Arbeiterfrauen als Erwerbstätige *und* Haushälterinnen erhielten sie jedoch eine neue Wendung. Ob Konflikte nachhaltig auf die familiären Bedingungen wirkten, sie ernsthaft bedrohten und schließlich zerstörten, hing sehr davon ab, wie groß die Bereitschaft der Frauen war, ihr Dasein als unabänderlich hinzunehmen. Die Fähigkeit, darin Unzumutbares zu erkennen und zurückzuweisen, wuchs mit dem in der Arbeit gewonnenen Selbstbewußtsein.

Nicht ohne inneren Widerspruch und gelegentliche Ausbrüche (siehe Frau Bromme) haben sich Arbeiterfrauen, die die gesamte Verantwortung für das Wohl und Wehe der Familie trugen, doppelt soviel schufteten und auch Geld verdienten wie der Mann, mit seinem Herrschaftsanspruch, seinen Sonderrechten abgefunden. Diesen Widerspruch grundsätzlich auszutragen – dazu hatten sie wenig Chancen. Christliche Vorsätze, ih-

223 Arbeiterfamilien im Kaiserreich, S. 50/51.

ren Mann zu bekehren, zu bessern, waren naiv und weltfremd, die Versuche, ihn listig zu lenken, auf Dauer kaum aussichtsreich. Denn nicht immer konnten sie beispielsweise zu den Lohntagen am Fabriktor auf das Geld lauern, nicht allzuoft mit Hilfe der Kinder den Vater aus der Kneipe lotsen. In den Mietshäusern, in der Nachbarschaft waren Ehezwiste zwar Gegenstand allgemeiner Teilnahme und nie abreißender Gesprächsstoff der Frauen. Jedoch weder der Austausch mit »Leidensgefährtinnen« noch »weibliche Taktiken« änderten etwas an der Grundsituation.

Scheidung und ihre Bedingungen

Eine radikale Wende vermochten die Frauen unerträglichem Ehedasein nur durch die Scheidung zu geben. Das Recht auf Ehescheidung bestand. Im Gegensatz zum Allgemeinen Landrecht für die preußischen Staaten (von 1794), in dem es noch ausdrücklich hieß: »Wegen Trunksucht, Verschwendung oder unordentlicher Wirthschaft des einen Ehegatten soll die Ehe nicht sogleich getrennt werden« (Paragraph 708 des ALR), enthielt das Bürgerliche Gesetzbuch von 1900 schon den sogenannten Zerrüttungsparagraphen. Er lautete: »Ein Ehegatte kann auf Scheidung klagen, wenn der andere Ehegatte durch schwere Verletzung der durch die Ehe begründeten Pflichten oder durch ehrloses oder unsittliches Verhalten eine so tiefe Zerrüttung des ehelichen Verhältnisses verschuldet hat, daß dem Ehegatten die Fortsetzung der Ehe nicht zugemutet werden kann. Als schwere Verletzung der Pflichten gilt auch grobe Mißhandlung.« (Paragraph 1568 des BGB)[224] Dieser Paragraph wurde, wie Bebel schrieb, um die Jahrhundertwende zunehmend angewandt; die Scheidungsrate, namentlich in den Städten, stieg.[225] Das Proletariat war daran allerdings am ge-

224 Zit. in: William H. Hubbard: Familiengeschichte. Materialien zur deutschen Familie seit dem Ende des 18. Jahrhunderts, München 1983, S. 51, 52.

225 Siehe August Bebel: Die Frau und der Sozialismus, S. 100/101.

ringsten beteiligt. Wenn es dort wirklich zu Scheidungen kam, wurden sie in der überwiegenden Zahl der Fälle von den Frauen eingereicht, nur etwa zu einem Zehntel von den Männern. »Vorenthaltung des Haushaltgeldes, böswilliges Verlassen und Mißhandlungen« dominierten als Ursachen.[226] Doch unter Proletariern war, wie schon angedeutet, Scheidung die Ausnahme, auch wenn die Frauen Gründe dafür gehabt hätten. Fast immer drängten die Zwänge der Existenzsicherung – ihrer Kinder und ihrer eigenen –, die Familie unbedingt zusammenzuhalten und den Ernährer nicht zu verlieren. Der Preis war, sich ihm unterzuordnen, seine Ansprüche zu erfüllen, seine Rücksichtslosigkeit zu ertragen – was notwendig auf Kosten der Persönlichkeit, der Würde der Frauen ging. Und was sicher die Duldsamkeit steigerte: Von ihrer individuellen psychischen und physischen Not mußte niemand etwas erfahren, als »Geschiedene« jedoch drohte damals öffentliche Diskriminierung.

Kulturniveau der Frauen

Die Sozialwissenschaftlerin Li Fischer-Eckert gab 1913 Beobachtungen zum persönlichen Befinden von Bergarbeiterfrauen (nichterwerbstätigen Hausfrauen) bekannt. Sie stellte fest, die Frauen hätten keinen Begriff davon, welche notwendige, gesellschaftlich bedeutsame Arbeit sie leisteten; es fehle ihnen jedes Selbstbewußtsein; sie seien nicht in der Lage, der Enge und Einförmigkeit ihres Daseins etwas entgegenzusetzen, würden von der Überlast und Aussichtslosigkeit ihres Tuns erdrückt und ertrügen fatalistisch alle Beschwerden und Kümmernisse. Wir sehen, so lautete das düstere Resümee 1913, »meistens eine elende, früh gealterte Frau mit sorgenvollem, gehetztem Gesichtsausdruck, aus dem jeder Lebensglaube gewichen, ein Wesen, das körperlich und seelisch verkümmert, das ein eigenes Leben, eine Zwiesprache mit sich selbst nicht kennt«[227].

226 Siehe Otto von Leixner: Soziale Briefe aus Berlin, S. 126.
227 Li Fischer-Eckert: Die wirtschaftliche und soziale Lage der Frauen in dem modernen Industrieort Hamborn, S. 136.

Es handelte sich hier um eine aus soziologischer Befragung gewonnene Summe bedrückender Merkmale im Verhalten von Arbeiterfrauen, zugespitzt zusammengefaßt in der Absicht, verborgene Mißstände publik zu machen. Anzeichen von Antriebslosigkeit, Isolierung, Resignation und Selbstverleugnung bei den Frauen konstatierten auch andere zeitgenössische Autoren. Und nicht zuletzt die Ehemänner, das geht aus Brommes Worten, aber auch aus Adolf Levensteins Umfrage unter Bergarbeitern, Textilarbeitern und Metallarbeitern hervor, kannten das persönliche Dilemma ihrer Frauen. Es war nicht zu übersehen, wie sie sich aufrieben, ungenügend aßen, zuwenig schliefen und sich selten etwas gönnten. Arbeiter, die über die Lage ihrer Frauen befragt wurden, berichteten voller Mitleid darüber. Einige betonten ihre Ohnmacht, daran etwas ändern zu können. Direkte Schlußfolgerungen für ihr eigenes Verhalten – bis auf die Mitteilung, sie gingen dem Anblick der Misere lieber aus dem Wege – zogen sie nicht.

Männer, die ihren Feierabend kaum zu Hause verbrachten, verbanden dies oft mit der Begründung, sie hätten sich in der Ehe auseinandergelebt, ihre Frau habe sich nicht entwickelt, sie sei zuwenig anregend, ja geistlos und habe keine Ideale.[228] Auch in diesen Bemerkungen wird auf ein kulturelles Defizit im Leben der Arbeiterfrauen hingewiesen: Sie hatten nur minimale außerfamiliäre Kontakte, ein geringes Bildungsstreben und keine »höheren« (politischen, weltanschaulichen) Interessen. Die Überlegenheit, die sich die Männer zugute hielten, war ebensowenig ihr persönliches Verdienst, wie es individuelles Unvermögen, Versagen oder gar Dummheit ihrer Frauen war, einen engeren Gesichtskreis zu haben. Die Differenz wurzelte in den geschlechtsspezifischen Lebensbedingungen, die eher ein Nebeneinander als ein Miteinander der Ehepartner erzeugten.

Aus der Sicht einer bürgerlichen Frauenrechtlerin stellte sich das Verhältnis von Mann und Frau in der Ar-

228 Siehe Adolf Levenstein: Die Arbeiterfrage, S. 253, 274, 276.

beiterfamilie folgendermaßen dar: »Die Frauen haben es nicht leicht, den geistigen Aufstieg der Arbeiterschaft mitzumachen. Die Energie, mit der der Mann gegen die niederziehende Alltäglichkeit und die Abspannung seines Berufs seine höheren Interessen behauptet, macht egoistisch. Es ist für ihn selbst schwer genug, Geld und Kraft für Lektüre, Vorträge, Vereine, Bibliotheksbesuch zu erübrigen. Für die Frau reicht es nicht. Er verlangt von ihr nur, daß sie ihn nicht stört. Er hat keine Geduld übrig, um sich ihren noch mühsameren und müderen Schritten zu den helleren Höhen anzupassen. ... Und während für den Mann die Mittel für andere Dinge als Arbeiten, Schlafen und Essen da sein *müssen*, heißt es bei irgendwelchen über diesen Dreitakt hinausreichenden Wünschen bei ihr ganz kaltblütig und selbstverständlich: ›Für eine Frau hört das eben auf, wenn sie heiratet‹.«[229]

Diese Äußerungen von Gertrud Bäumer, die Schlußfolgerungen von Li Fischer-Eckert und die Antworten der von Levenstein befragten Arbeiter zur kulturellen Situation der Arbeiterfrauen lassen neben inhaltlichen Parallelen auch ähnliche Kriterien erkennen. Sie messen die Wesensmerkmale und die Lebensgestaltung der Frauen an Idealen und Möglichkeiten individueller Entfaltung, die dem Lohnarbeiterdasein in der kapitalistischen Gesellschaft entsprachen und von Männern (großstädtischen, qualifizierten, organisierten Industriearbeitern) auch schon realisiert wurden. Deren Öffentlichkeitszugewandtheit und Bildungsdrang, deren Begehrlichkeit und Durchsetzungsvermögen konnten ihre Frauen nicht entwickeln. In bezug darauf treffen die Defizitmeldungen zu.

Nichts ist aber damit darüber gesagt, wie Arbeiterfrauen mit ihren spezifischen Anforderungen zurechtkamen. Und keiner der Urteilenden mißt den Lebenszuschnitt der Proletarierinnen etwa mit dem von werktätigen Frauen auf dem Lande, in vorindustriellen Produktionsformen. Gegenüber deren Dasein voller übermenschlicher Bürden und materieller Not, in lebenslanger persönlicher Abhängigkeit und Weltabgeschieden-

229 Gertrud Bäumer: Die Frau in Volkswirtschaft und Staatsleben der Gegenwart, S. 26/27.

heit boten die Lebensbedingungen der Arbeiterfrauen schon emanzipatorische und die individuelle Entfaltung fördernde Möglichkeiten – besonders, wenn sie selbst Geld verdienten und in der Stadt lebten.

Um öffentlichkeitszugewandte Freizeitinteressen ihrer Männer zu teilen, fehlte es den Familienmüttern vor allem an Zeit, Bewegungsfreiheit und Spannkraft, auch an Geld. Hinzu kam, daß verheiratete Frauen Kneipen nicht betraten und daß sie lange Zeit vom (politischen) Vereinsleben der Arbeiterbewegung gesetzlich ausgeschlossen waren. Lediglich Veranstaltungen in Gewerkschafts- und Volkshäusern waren schon zur Jahrhundertwende »familienoffen«; zu Feiertagen, Ausflügen, bunten Abenden und künstlerisch-geselligen Programmen wurden auch die Frauen der Arbeiter eingeladen.

Blieb im Wochenalltag etwas Muße, wollten Frauen sie weniger anstrengend, sondern am liebsten entspannend verbringen. Ein Bummel durch Geschäftsviertel oder Warenhäuser, zu Hause ein Kaffeeklatsch mit der Nachbarin oder einfach Ausruhen, Schlafen entsprachen diesem Bedürfnis. »... wir sind froh, wenn wir nichts tun und ganz still sitzen können, höchstens sehen wir mal in die Zeitung«[230], sagten Textilarbeiterinnen in einer Untersuchung des Vereins für Sozialpolitik aus dem Jahre 1911. Und generell konnte zu ihren Freizeittätigkeiten festgestellt werden: »Bei den Arbeiterinnen tritt das Lesen zugunsten der Handarbeit zurück. Diejenigen, die gern ein Buch zur Hand nehmen, bekundeten einen anderen Geschmack als die Arbeiter.«[231] Was sie lasen, unterschied sich jedoch nicht grundsätzlich vom Lesestoff der männlichen Arbeiter. Auch bei deren schon ausgeprägterem Lesebedürfnis hat um die Jahrhundertwende eindeutig der Wunsch nach spannendem Zeitvertreib und weniger nach gezielter Bildungsaneignung die Lektüre bestimmt. Weit begieriger nach Zerstreuung und Ablenkung, nach Erbauung und Trost griffen jedoch ihre Frauen nach den massenhaft und billig von der kapitalistischen Unterhaltungsindustrie angebotenen Druckerzeugnissen – aus denselben Gründen, die sie wenig

230 Arbeiterfamilien im Kaiserreich, S. 62.
231 Ebenda, S. 63.

Im Kampf gegen Schundliteratur sprach die Partei die Arbeiter **und** ihre Frauen an.

später zu begeisterten Kinobesucherinnen werden ließen. Proletarische Hausfrauen, auch Dienstmädchen und Jugendliche überhaupt zählten zu den eifrigsten Lesern der Romanhefte, die wöchentlich (sogar bis an die

Wohnungstür) geliefert wurden. Die weiblichen Kunden der Kolporteure bevorzugten sentimentale Liebes- und Schicksalsromane: »Ihr Herz hing an der Marlitt, der ›Goldelse‹, der ›Reichsgräfin Gisela‹ und erschauerte beim ›Geheimnis der alten Mamsell‹«[232], so eine zeitgenössische Stimme. Die Idylle in den rührseligen Geschichten mit ritterlicher Liebe, frommem Edelmut, mit Reichtum und Schönheit nährte die Träume der Arbeiterfrauen von Liebe, Geborgenheit und Glück. Über unerhörten Begebenheiten, in denen das Gute über das Böse siegte, vergaßen sie kurzzeitig ihre eigenen Sorgen.

Verheiratete Proletarierinnen und die politische Bewegung ihrer Klasse

Die totale Einbindung aller Lebenstätigkeiten und Energien in die Familienpflichten, die ausschließlich auf individuelles Familienglück gerichteten Wertvorstellungen haben es Arbeiterfrauen (besonders Hausfrauen) erschwert, sich ihrer realen gesellschaftlichen Position bewußt zu werden. Ihr Mann war Arbeiter; abgesehen von einzelnen begriffen sie sich selbst jedoch keineswegs als Angehörige der Arbeiterklasse. Noch weniger identifizierten sie sich mit der revolutionären Bewegung des Proletariats. Dringende konkrete Wünsche zugunsten langfristiger Ziele aufzuschieben, der Politik wegen vielleicht die Existenz zu gefährden – dazu fehlte ihnen jeder Antrieb, jede Einsicht in die objektiven Ursachen ihrer elenden Lebenslage.

In vielen Fällen akzeptierten die Frauen nicht einmal, daß der Mann und der Sohn politisch aktiv waren. So erklärte Moritz Bromme zum Beispiel einen Mitgliederschwund des Ronneburger Holzarbeiterverbandes damit, daß die Frauen der Arbeiter die Beitragszahlungen verboten. »Und da die weibliche Ehehälfte in Geldsa-

232 Franz Johannson: Arbeiterlektüre und bibliothekarische Bemühungen vor 1900. In: Literatur und proletarische Kultur. Beiträge zur Kulturgeschichte der deutschen Arbeiterklasse im 19. Jahrhundert, Berlin 1983, S. 311.

chen meistenteils ›die Hosen anhat‹, so mußte ihrem Wunsche Folge geleistet werden.«[233] Dieses Verhalten war nichts Außergewöhnliches. Nachdrücklicher noch zügelten die Frauen das Engagement ihrer Männer, wenn sich die Klassenkampfsituation zuspitzte. Es gibt Beispiele, da Arbeiterinnen »... mit Bitten und Tränen, mit Grollen und Keifen« ihre männlichen Angehörigen vom Streik zurückhielten. »Der Widerwille der Arbeiterfrauen gegen den Streik war eine so feststehende Tatsache, daß der Kapitalist vielfach auf ihn rechnete, ihn systematisch ausnutzte, um einen Ausstand zu brechen«, schrieb Clara Zetkin 1893, auf die vergangenen Jahrzehnte zurückblickend, in der »Gleichheit«.[234] In der Arbeiterbewegung hat diese unentschiedene, ja ablehnende Haltung der Frauen große Probleme aufgeworfen, gleichzeitig aber auch Verständnis gefunden. »Das Warum der Erscheinung, daß die Frau des Proletariers sozusagen gegen ihr eigenes Fleisch wütete, liegt auf der Hand. Die Arbeiterfrau fühlte zuerst und am härtesten die Opfer, welche jeder Ausstand den Arbeitern auferlegt. Keine Arbeit, kein Geld im Haus, aber dabei weiterwirtschaften, gerade soviel hungrige Mägen füllen wie sonst, hieß es für sie. Sie verabscheute mithin den Streik als eine Ursache größerer Dürftigkeit, bittreren Elends, als sie gewöhnlich zu tragen hatte.«[235]

Das wichtigste agitatorische Ziel der proletarischen Frauenbewegung und der Gewerkschaften mußte also zunächst darin bestehen, »die demütig stumpfsinnige Bedürfnislosigkeit« der Frauen, »die sie nicht weitersehen läßt, als über den Horizont ihrer eigenen vier Wände und der Befriedigung des rein physischen Hungers, mit allen Mitteln zu bekämpfen ...«[236] Appelle und Bildungsangebote, die deshalb verstärkt wurden, konnten bei der

233 Moritz Theodor William Bromme: Lebensgeschichte eines modernen Fabrikarbeiters, S. 228.

234 Clara Zetkin: Zeichen der Morgendämmerung. In: Ausgewählte Reden und Schriften. Bd. I, S. 12.

235 Ebenda, S. 12/13.

236 Lily Braun: Die Frauenfrage, ihre geschichtliche Entwicklung und ihre wirtschaftliche Seite, Leipzig 1901, S. 447.

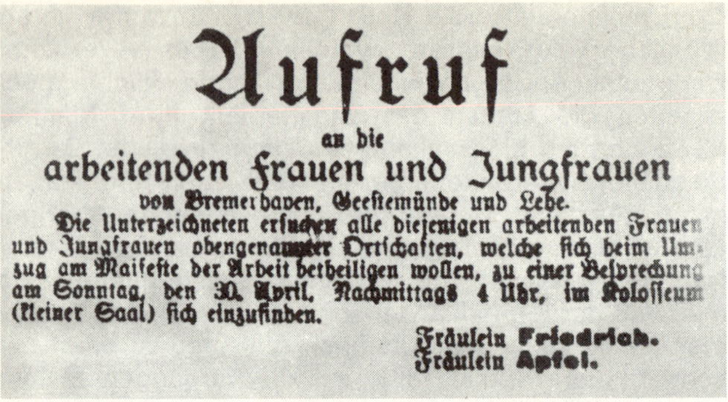

Aufruf

an die

arbeitenden Frauen und Jungfrauen

von Bremerhaven, Geestemünde und Lehe.

Die Unterzeichneten ersuchen alle diejenigen arbeitenden Frauen und Jungfrauen obengenannter Ortschaften, welche sich beim Umzug am Maifeste der Arbeit betheiligen wollen, zu einer Besprechung am Sonntag, den 30. April, Nachmittags 4 Uhr, im Kolosseum (kleiner Saal) sich einzufinden.

Fräulein Friedrich.
Fräulein Apfel.

Mehrzahl der Arbeiterfrauen nicht wirken. Aus den schon beschriebenen Gründen waren sie für theoretische Argumente nur bedingt zugänglich, lasen sie keine aufklärenden Schriften und gingen nicht demonstrieren und diskutieren.

Die Geschichte zeigte, daß Frauen massenhaft immer dann Entschlossenheit zu Protest und Streik bewiesen, wenn eine unerträgliche Verschlechterung ihrer realen Lebensumstände eingetreten war. Im Verlaufe der Industrialisierung, je länger es Frauen gab, die selbst in Lohnarbeit standen oder Lohnarbeiter heirateten, wuchsen auch ihre politischen Einsichten.

Nach dem Preußischen Koalitionsgesetz war es weiblichen Personen und Jugendlichen bis 1908 ausdrücklich verboten, aus politischen Gründen zusammenzukommen. Diese Gesetzesschranken haben ihre Politisierung und selbständige Organisierung lange Zeit behindert. Darüber hinaus ist es für Frauen, selbst für die Lohnarbeitenden, die zuerst danach drängten, schwer gewesen, in den vorhandenen Strukturen der Arbeiterbewegung Fuß zu fassen. In der männlichen Arbeiterschaft hat es hartnäckige Vorbehalte dagegen gegeben. Die mühsamen und zugleich heroischen Anfänge der proletarischen Frauenbewegung zeugen davon. »Von den wirtschaftlichen Folgen der Frauenarbeit sowie von anderen mit ihr verbundenen Mißständen erschreckt, erhob die organisierte Arbeiterschaft eine Zeitlang die Forderung auf Verbot der industriellen Frauenarbeit«[237], war also weit davon entfernt, Frauen gar in die Klassenbewegung einzureihen.

Die kapitalistischen Unternehmer spielten die nichtorganisierten Frauen gegen organisierte männliche Arbeitskräfte aus, benutzten sie als »Schmutzkonkurrentinnen« und »Streikbrecherinnen« – was die Weiberfeindlichkeit, den »proletarischen Antifeminismus« noch verstärkte. Es hat Jahrzehnte gedauert, bis sich die Gewerkschaften in Erkenntnis der notwendigen Solidarisierung *aller* Arbeitskräfte den Frauen öffneten – sehr zögernd, wie Clara Zetkin noch zur Jahrhundertwende bemerkte: »Es sind mehr einzelne Gewerkschaften und innerhalb dieser bestimmte einzelne Persönlichkeiten, welche mit Energie und Ausdauer für die Organisation der Arbeiterinnen wirken. Die Masse der Gewerkschaftsmitglieder unterstützt sie dabei nur wenig.« Und sie benennt in diesem Zusammenhang einen kulturell neuartigen Sachverhalt des Geschlechterverhältnisses im Proletariat: das sachliche Verhältnis von Kollegen zu Kolleginnen (das sich erst ausbilden würde). »Die Arbeiter müssen aufhören, in der Arbeiterin in erster Linie eine Frau zu sehen, der man, je nachdem sie jung, hübsch, sympathisch, heiter oder es nicht ist, den Hof macht und der gegenüber man sich eventuell je nach dem Grade der eigenen Bildung oder Unbildung Roheiten und Zudringlichkeiten erlaubt. Die Arbeiter müssen sich vielmehr gewöhnen, die Arbeiterin in erster Linie als Proletarierin zu behandeln, als Genossin der Arbeit und der Klassensklaverei und als gleichwertige, unentbehrliche Mitstreiterin im Klassenkampf.«[238]

Auch gefühlsmäßige Hemmungen der Arbeiterinnen stellten sich ihrem Eintritt in die Klassenbewegung entgegen: »Stumpfsinnige Ergebung, Mangel an Solidaritätsgefühl, Schüchternheit, Vorurteile aller Art, die Furcht vor dem Fabriktyrann halten viele Frauen von den Organisationen fern.«[239]

237 Clara Zetkin: Frauenarbeit und gewerkschaftliche Organisation. In: Ausgewählte Reden und Schriften. Bd. I, S. 36.
238 Ebenda, S. 41/42.
239 Ebenda, S. 40.

Die von Krisen durchsetzte wirtschaftliche Entwicklung und eine daraus folgende schärfere Zuspitzung des Klassenkampfes zwangen Arbeiter und Arbeiterinnen mit den angedeuteten Schwierigkeiten fertig zu werden. In diesem Zusammenhang konnte es auch nicht gleichgültig bleiben, wie sich proletarische Hausfrauen und Mütter in den ökonomischen und politischen Auseinandersetzungen verhielten. »Das zeigte sich deutlich, als im Jahre 1892 die Arbeiter der königlich preußischen Kohlenwerke des Saarreviers in den Streik traten, zu dem die Brutalität der Bergherren die Veranlassung gegeben hatte. Die Vergewaltigung durch eine neue Arbeitsordnung, die ohne Befragen der Arbeiter zustande gekommen war (Herabsetzung der Zeit- und Stücklöhne, Erhebung von Strafgeldern, Einlegung von Feierschichten), hatte den Kampf entfacht. Dieser Zusammenstoß zwischen Arbeit und Kapital brachte eine für Deutschland ganz neue Erscheinung. Während die Frauen bis dahin vielfach durch ihre Klagen den Männern den Kampf erschwert hatten, traten sie jetzt in Massen an die Seite der Kämpfenden und feuerten sie zum Ausharren an.«[240]

Enthusiastisch beschrieb Clara Zetkin in der »Gleichheit« dieses historische Ereignis als »Morgendämmerung«: »So wurden die Bergarbeiterfrauen des Saarreviers zu begeisterten Anhängerinnen des Streiks, so verließen sie, die frommen, gläubigen Töchter der katholischen Kirche, die Predigten des Herrn Kaplan, um in den Versammlungen der Männer heimisch zu werden.«[241] Der geschichtliche Aufbruch der Frauen in die »soziale Bewegung« hatte begonnen. Clara Zetkin umriß seine Perspektive mit folgenden Worten: »Die tausenderlei Übel ihrer Lebensverhältnisse erziehen die Frauen und Töchter der Arbeiter zu Proletarierinnen, welche sich ihrer Klassenlage bewußt sind; die Frauen des Proletariats treten in Massen in den Befreiungskampf ihrer Klasse ein.«[242]

240 Ottilie Baader: Ein steiniger Weg, S. 30.
241 Clara Zetkin: Zeichen der Morgendämmerung. In: Ausgewählte Reden und Schriften. Bd. I, S. 19.
242 Ebenda, S. 20.

Lebensabend

Mühsal und Sorge um die Existenz begleiteten die Arbeiterfrauen bis ans Ende ihres Lebens. An ein geruhsames Rentenalter konnten weder sie noch die männlichen Arbeiter denken. Frauen wie Männer hofften vielmehr, bis zum Tode arbeiten und verdienen zu können, denn das Leben derer, die ihre Arbeitskraft nicht mehr verkaufen konnten, war in der kapitalistischen Gesellschaft des 19. Jahrhunderts äußerst unvollkommen gesichert. Traditionelle Regelungen der Altersfürsorge durch die Heimatgemeinden, ein Gnadenbrot des Dienstherrn oder eine Verpflichtung der Nachkommen, den Eltern ein Altenteil zu sichern, konnten bei Lohnarbeitern in Industriestädten nicht mehr wirksam werden. Die durch persönliche Unabhängigkeit und durch Mobilität ermöglichte wie erzwungene Eigenverantwortlichkeit für die Lebenssicherung galt auch dann, wenn die Basis der Existenz – die Lohneinkünfte – altersbedingt versiegten. Angst vor allzu frühem Verlust der Arbeitsfähigkeit, vor Siechtum und Altersschwäche bewegte deshalb alle Arbeiter. Als einzelne konnten sie kaum etwas dagegensetzen. Ihre Notgroschen, wenn überhaupt vorhanden, reichten bestenfalls für ein würdiges Begräbnis, nicht aber zum Lebensunterhalt. Mögliche Unterstützungen der proletarischen Selbsthilfe – Witwenkassen, Invalidenkassen – waren nicht imstande, die Notlage, in die jeder Arbeiter mit zunehmendem Alter unweigerlich geriet, auszugleichen. Auch die in den Jahren 1883 bis 1889 gesetzlich fixierte Verpflichtung zur Kranken-, Unfall-, Invaliditäts- und Altersversicherung für alle Arbeitenden mit einem Jahreseinkommen bis zu 2000 Mark garantierte die finanzielle Sicherung der entsprechenden individuellen Notsituationen nur unvollständig. Namentlich für das Alter setzte sie zu spät ein – erst nach Vollendung des 70. Lebensjahres erhielten die Versicherten die reguläre Altersrente, und die Zahlungen waren so gering, daß sie in keinem Falle zum Lebensunterhalt reichten, nicht einmal für die versicherte Person, geschweige denn für unversicherte Angehörige, zum Beispiel die Frau des Arbeiters. Eine umfassende gesetzlich geregelte Versorgung der Arbeiterwitwen und -waisen stand zur Jahrhundertwende noch ganz aus. Lediglich für die Hinterbliebenen der Bergarbeiter und Eisenbahner war vorgesorgt.

Anspruch auf eine eigene Rente konnten Arbeiterinnen damals sehr selten erlangen. Voraussetzung für eine Zahlung war nämlich, daß lückenlos 1200 Beitragswochen (pflichtversicherte Arbeitswochen oder auch freiwillig versicherte Überbrückungszeiten) nachgewiesen werden konnten und die vorgeschriebenen Beiträge geleistet worden waren. 23 Jahre hintereinander hatte eine proletarische Familienmutter schwerlich in einem geregelten, versicherten Arbeitsverhältnis stehen beziehungsweise die Entrichtung der Beiträge, wenn sie nichts verdiente, durchhalten können.

So standen Arbeiterfrauen im Alter sehr oft mittellos da und außerdem allein, denn die meisten überlebten ihre Männer. (Auch im vorigen Jahrhundert war die durchschnittliche Lebenserwartung der weiblichen Bevölkerung höher als die der männlichen. Außerdem hatten viele Frauen Männer geheiratet, die älter als sie waren.) Darüber, wie sie allein und alt bestehen konnten, wie ihr »Lebensabend« verlief, gibt es nur spärliche Berichte. Sie deuten die wenigen möglichen Weisen der Altersexistenz an.

Solange es ging, versuchten (alleinstehende) ältere Frauen Geld zu verdienen. Da ihre Arbeitskraft so gut wie verbraucht war und nur wenige von ihnen qualifizierte Tätigkeiten beherrschten, hatten sie es schwerer denn je, einen Broterwerb zu finden. Alte Arbeiterinnen waren gezwungen, schlechte, minderentlohnte, gesundheitsschädigende, auch körperlich anstrengende Erwerbstätigkeiten anzunehmen, für die sich niemand sonst fand. Dazu zählten Lumpensammeln, Straßenreinigung, Müllabfuhr, Hilfsarbeiten auf dem Bau, im Handel, im Reinigungsgewerbe. Auch unkomplizierte Heimarbeit, Näharbeiten und Aufwartung in fremden Familien kamen noch in Frage.

Trat mit höherem Alter völlige Erwerbsunfähigkeit ein, wurde die Frau (wie auch der alleinstehende alte Mann) ein »Fall« der öffentlichen Armenpflege – allerdings nur, wenn keine Angehörigen zu ihrer Unterstützung haftbar gemacht werden konnten. Die Alten empfingen dann einen kleinen finanziellen Zuschuß. In manchen (vorrangig ländlichen) Gegenden wurden diese Einkünfte, die niemals zum Leben reichten, durch immer wiederkehrende traditionelle »Betteltage« ergänzt. Alte Frauen, die nicht mehr arbeiten konnten, zogen in Lumpen herum, um so an die Mildtätigkeit der Bessergestellten zu rühren.[243] Ebenso war in den Großstädten die Straßenbettelei alter und siechender Menschen verbreitet.

Um eigenständig leben zu können, nahmen die Frauen jede Demütigung in Kauf, denn nichts fürchteten sie mehr, als in einem Armen- oder Siechenhaus zu enden. Das waren Anstalten, die mit Altersheimen im modernen Sinne noch wenig zu tun hatten. Solche existierten allerdings nach der Jahrhundertwende schon, da verschiedene Interessen- und Berufsgruppen die Vorsorge für ihre Alten (besonders für Frauen) selbst organisiert hatten. Es gab Stifte und Altersasyle beispielsweise für unbemittelte weibliche Angehörige von Offizieren, Predigern, Lehrern, Kaufleuten, Musikern, für ehemalige Krankenpflegerinnen, Lehrerinnen und Erzieherinnen. Nach 1899 konnten im Rahmen der staatlichen Invalidenversicherung Rentnern an Stelle einer Zahlung auch ein Aufenthalt im Invalidenhause gewährt werden. Für alte,

243 Aus der Gedankenwelt einer Arbeiterfrau, S. 7.

gebrechliche Arbeiterfrauen ohne Versicherungsanspruch blieben jedoch die stationären Einrichtungen der öffentlichen Armenpflege der Städte und Gemeinden, in denen sie lebten, zuständig. Einen Eindruck von den dort gebotenen Bedingungen der Existenz vermittelt die Schilderung des Einzugs einer Frau in die Armenanstalt Danzigs (um 1880). »Sie bekam nun dort ihr Bett, ihren Tisch, ein Spindchen, die Woche ein Hemd, Halstuch und Strümpfe gewaschen, wenn sie mehr zu waschen hatte, mußte sie es extra bezahlen. Dann bekam sie an Nahrung auf den Tag ein Brot zu 10 Pfennig und eine Mittagsmahlzeit, die bestand aus Erbsen oder Kumst (gesäuertem Kohl – der Verf.), Grütze usw. Fleisch gab es, wenn ich nicht irre, alle 14 Tage nur einmal, und zwar sehr wenig und meist schlecht und hart ...«[244] Das in einer »reichen« Stadt wie Danzig! Je ärmer die zuständige Gemeinde, desto dürftiger war die Versorgung in den Anstalten. Schutz vor dem Hungertod und ein Dach über dem Kopf war das einzige, was garantiert wurde. Mit einem würdigen, altersgerechten Dasein, einem Lebensfeierabend hatte das wenig zu tun.

Wesentlich besser waren jene alten und verwitweten Frauen gestellt, die noch erwachsene Kinder oder Enkel hatten, in deren Haushalt sie gebraucht wurden. Abgesehen davon, daß es beim Zusammenwohnen von jung und alt immer zu Konflikten kommen kann, war es bei weitem die günstigste Variante der »Altersversorgung« für Arbeiterinnen. War der Mann früher gestorben, ergab sie sich unmittelbar aus dem Familienzyklus. Rosa Kempf beobachtete es mehrfach bei Fabrikarbeiterfamilien in München: »Bleibt der Familienzusammenhang mit erwachsenen Kindern lange erhalten, so tritt die Mutter zuweilen vom Erwerbsleben zurück, das Verdienen dem Nachwuchs überlassend, und leitet die umfangreiche Hauswirtschaft, die nicht selten auch illegitime Enkel oder gar Schwiegersöhne und deren Kinder mit umfaßt.«[245] Wenn es nicht der eigene Haushalt war,

244 Marie Sansgêne: Jugenderinnerungen eines armen Dienstmädchens, S. 172.

245 Rosa Kempf: Das Leben der jungen Fabrikmädchen in München, S. 27.

den sie für die erwachsenen, auch schon verheirateten Kinder aufrechterhielt, zog die verwitwete Großmutter in vielen Fällen zur Familie eines ihrer Kinder. Hier wurde sie als willkommene Hilfe bei der Kinderversorgung und im Haushalt angesehen. Ihre Anwesenheit ermöglichte häufig der Tocher oder Schwiegertochter, einer intensiven Erwerbstätigkeit nachzugehen und mehr zu verdienen. Auf diese Weise gelang es Arbeiterfrauen auch im Alter, niemandem zur Last zu fallen und sich durch ihrer Hände Arbeit bis ans Lebensende zu behaupten.

»Wir leben bereits mitten in der sozialen Revolution, aber die meisten merken es nicht.«

So hatte August Bebel 1909 zur 50. Auflage seines berühmten Buches »Die Frau und der Sozialismus« geschrieben. Rückblickend auf drei Jahrzehnte der Wirkung dieser programmatischen Schrift und die Fortschritte der Frauenbewegungen würdigend, verwies er vor allem auf die in diesen dreißig Jahren kapitalistischer Entwicklung ablesbaren Veränderungen in der sozialen und ökonomischen Stellung der Frauen.

Trägerinnen dieser »Revolution« waren ganz wesentlich die Arbeiterfrauen, die Masse der Proletarierinnen, über die im Vorangegangenen berichtet wurde. Sie, die vom organisierten Emanzipationskampf der bürgerlichen wie der proletarischen Frauenbewegung wenig berührt wurden, haben doch sehr viel zu ihm beigetragen. Ihr Wollen und Tun war nicht davon bestimmt, sich von den Männern abzugrenzen, nicht von ehrgeiziger Konkurrenz mit ihnen und kaum von hohen Idealen juristischer, politischer und kultureller Gleichberechtigung. Ohne Aufheben und ohne Alternative hat jede von ihnen in ihrem Leben, im Umgang mit Menschen und Verhältnissen, den Daseinskampf aufgenommen. Dazu war mehr nötig, als die traditionell erwarteten »typisch weiblichen« Wesenszüge einzusetzen. Wohl waren diese Frauen auch selbstlos, mütterlich, häuslich, fürsorglich, empfindsam und anlehnungsbedürftig. Doch haben sie

ebenso Energie, Ausdauer, Selbstüberwindung, Einfallsreichtum, Geschick und Verstand eingesetzt, um zu bestehen. Damit bewiesen sie, daß sie ihren Lebensbedingungen gewachsen waren. Kleine Siege im Alltag konnten schon ein wenig Unterwerfung und Resignation abbauen; doch Niederlagen und Ohnmacht überwogen, denn Recht und Sitten waren nicht auf ihrer Seite.

Die Erfahrungen, die Arbeiterfrauen in ihrer Lebensgeschichte machten, die Resultate ihres geschlechtsspezifischen praktischen Umgangs mit den Lebensbedingungen der proletarischen Klasse haben die Richtung gewiesen für soziale Lösungen der »Frauenfrage«. Dementsprechende politische Bestrebungen und Programme in der deutschen Arbeiterbewegung entstanden vor diesem Hintergrund. Das meiste, was damals als Bedingung für eine gesellschaftliche Gleichstellung von Mann und Frau, für die persönliche Entwicklung der Frauen und für ein Eltern und Kinder befriedigendes Familienleben angesehen wurde, mußte in die sozialistische Zukunft vertagt werden.

Die Beseitigung der Ausbeutung des Menschen durch den Menschen hat jedoch keineswegs automatisch auch die Befreiung der Frauen aus sozialer und kultureller Benachteiligung bewirkt. Schrittweise, entsprechend den Möglichkeiten, konnte ein Teil der Hoffnungen und Ziele, die vor hundert Jahren formuliert wurden, in unserer Gesellschaft Realität werden. Die politische und juristische Gleichberechtigung, das Recht auf Arbeit und Beruf, gleicher Lohn für gleiche Arbeit bei Frauen und Männern wurden als fundamentale Grundlagen dieses historischen Prozesses umgehend gesetzlich fixiert. Das war erst die Basis für alles Weitergehende und doch schon unendlich mehr, als unter kapitalistischen Bedingungen den Frauen je zugestanden wurde – und wird.

Manches, was um 1900 in der sozialdemokratischen Arbeiterbewegung als Perspektive des individuellen und familiären Lebens vermutet wurde, entwickelte sich anders. Der Einzelhaushalt und die Kinderversorgung waren durch kollektive Einrichtungen nur teilweise zu ersetzen; eine Befreiung der Frauen von der Hausarbeit fand nicht statt. Die Familienorientierung, die Wertschätzung des privaten Lebensbereichs und individueller Freizeitmöglichkeiten hat bei arbeitenden Menschen weiter zugenommen. Und die Asymmetrie in der lebenszeitlichen und alltäglichen Bindung der Männer und Frauen an berufliche oder häusliche Pflichten besteht auch heute.

Ansatzpunkt für Maßnahmen, die auf eine Entlastung der Frauen zugunsten ihrer persönlichen Entfaltung und

Bewegungsfreiheit wirkten, mußte ihre Mutterschaft sein. Förderung in Ausbildung und Qualifizierung der Mädchen und Frauen, arbeitszeitliche Entlastung der werktätigen Hausfrauen und Mütter, finanzielle Unterstützung Kinderreicher, ein Netz sozialer Fürsorge für Schwangere, für Mutter und Kind, das Schwinden jeglicher Diskriminierung alleinstehender Mütter, gesellschaftliche Einrichtungen für die Obhut der Kinder – das alles gehört seit langem zu dem, was Frauen und Mütter in unserer Gesellschaft für sich in Anspruch nehmen können. Zu diesen Regelungen kam in jüngerer Zeit die Gewährung eines Jahres, in dem sie sich ausschließlich der Pflege ihres Neugeborenen widmen können. Von größter Tragweite dafür, daß Frauen diese gesellschaftlichen Möglichkeiten nach eigenem Entschluß nutzen und die Akzente ihrer persönlichen Entwicklung in Beruf und Familie selbst bestimmen können, ist das gesetzlich fixierte Recht auf freie Entscheidung über Zeitpunkt und Zahl der Geburten.

Rund 90 Prozent der arbeitsfähigen Mädchen und Frauen in der DDR stehen gegenwärtig in Ausbildung oder Beruf, nehmen soziale Sicherheit und materielle Vergünstigungen mit großer Selbstverständlichkeit in Anspruch. Zu Recht – denn die damit verbundene Förderung und Wertschätzung durch die Gesellschaft stellt kein Geschenk, kein Almosen an Minderbefähigte, Unterlegene, von der Natur Benachteiligte dar. Vielmehr ist dies eine zutiefst menschliche Art, den gesellschaftlichen Reichtum zu nutzen, den Frauen und Mädchen in über vierzig Jahren sozialistischer Entwicklung in diesem Lande mitgeschaffen haben. Von Beginn an waren sie an der Bewältigung der volkswirtschaftlichen Aufgaben und an der Mitgestaltung des gesellschaftlichen Lebens beteiligt – gleichberechtigt und gleich wichtig, aber noch immer ungleich stärker belastet als ihre Männer.

Die Rechte, die die Gesellschaft den Frauen gesetzlich einräumt, reichen erst unvollkommen in ihren Alltag. Sie haben auf Traditionen, Sitten und eingefahrene Gewohnheiten dennoch mittelbar Einfluß, vermögen sie doch Unduldsamkeit, Bedürfnisreichtum, Selbstbewußtsein der Frauen auch jenseits ihres gesellschaftlichen Engagements, in der Familie, in den Beziehungen zum Partner, in der Zwecksetzung des eigenen Daseins zu erzeugen und zu ermutigen.

Inhalt

Fotonachweis

1. Kunstdruckbeilage

Berliner Verlag: 9; Breitenborn, Berlin: 21, 26; ČSAV, Praha: 22; Deutsche Fotothek Dresden: 14, 17; Dietz Verlag Berlin/Renate und Horst Ewald: 2, 6, 7, 10, 11, 12, 24; Fernsehen der DDR: 16; Heimatmuseum Sebnitz: 8; Humboldt-Universität zu Berlin/Forschungsgruppe Kulturgeschichte: 1, 4, 13, 20, 23; Museum Berliner Arbeiterleben um 1900: 3; Museum für Deutsche Geschichte, Berlin: 15, 25; Stadtarchiv Berlin, Fotosammlung: 5, 18, 19

2. Abbildungen im Text

Breitenborn, Berlin: S. 90; Dietz Verlag Berlin/Renate und Horst Ewald: S. 28, 44, 137, 153, 173; Foto-Kopieranstalt Mahlsdorf: S. 17; Humboldt-Universität zu Berlin/Forschungsgruppe Kulturgeschichte: S. 72, 93, 99, 103, 108, 126, 161, 164; Berliner Stadtbibliothek: S. 125

Reproduktionsvorlagen: »Berliner Illustrirte Zeitung«, 1905; »Festschrift des Vereins Mädchenhort in Berlin«, Berlin 1909; »Daheim«, 1914; »Das dicke Zillebuch«, Berlin 1971; »Das häusliche Glück«, Leipzig 1882; »Der wahre Jacob«, 1903; Albert Kohn: »Wohnungsenquete«, Berlin 1911; Originalaufnahmen aus den Beständen der Forschungsgruppe Kulturgeschichte der Humboldt-Universität zu Berlin, des Heimatmuseums Sebnitz, von Privaten

Dr. Anneliese Neef, geboren am 16. April 1943 in Berlin. Nach dem Schulbesuch Berufsausbildung als Retuscheurin. 1964 Abitur an der Volkshochschule und Aufnahme des Studiums der Kulturwissenschaft/Theaterwissenschaft an der Humboldt-Universität zu Berlin. Seit 1969 als wissenschaftliche Mitarbeiterin an der Universität tätig. 1978 Promotion. Forschungen zur »Frauenfrage« und zur Lebensweise in der proletarischen Familie. Veröffentlichungen dazu in den »Weimarer Beiträgen«, im »Jahrbuch für Volkskunde und Kulturgeschichte«, in den »Mitteilungen aus der kulturwissenschaftlichen Forschung«, in der Reihe »Kulturhistorische Studientexte« des Instituts für Weiterbildung beim Ministerium für Kultur. Mitautorin der Bücher »Arbeiterleben um 1900«, Berlin 1983, »Literatur und proletarische Kultur«, Berlin 1983, und »Proletariat. Kultur und Lebensweise im 19. Jahrhundert«, Leipzig 1986.